Chuantong Yunshu dao Xiandai Wuliu

传统运输到现代物流

Ronghe Chuangxin Fazhan

融合创新发展

谢雨蓉 著

人民交通出版社股份有限公司
China Communications Press Co.,Ltd.

内 容 提 要

本书着眼于现代产业组织融合创新的演变趋势，沿着传统运输到现代物流的发展脉络，构建了整体研究框架。全书共分为五章，从传统运输与现代物流的紧密联系与相互关系入手，在总结了前人相关研究成果、发达国家的实践经验，并融入了产业经济学、系统优化等相关理论的基础上，分析了现代物流对运输组织与服务的影响，构建了现代物流产业组织下的货运服务系统架构，并以运输需求的发展演变为导向，探寻了以调整系统要素间关系即产业组织变革为核心的系统优化路径，最后，在现代信息技术迅猛发展的时代背景下，探讨了传统运输进一步升级、现代物流与电子商务深度融合的产业发展规律与创新趋势。

本书适合于交通运输领域大学院校或相关专业学生、教师以及行业管理部门、科研单位工作人员阅读使用。

图书在版编目（CIP）数据

传统运输到现代物流融合创新发展／谢雨蓉著．—北京：人民交通出版社股份有限公司，2018. 12

ISBN 978-7-114-15409-6

Ⅰ. ①传… Ⅱ. ①谢… Ⅲ. ①物流—货物运输 Ⅳ. ①F252

中国版本图书馆 CIP 数据核字（2019）第 052988 号

书　　名：传统运输到现代物流融合创新发展
著 作 者：谢雨蓉
责任编辑：司昌静
责任校对：赵媛媛
责任印制：张　凯
出版发行：人民交通出版社股份有限公司
地　　址：（100011）北京市朝阳区安定门外外馆斜街 3 号
网　　址：http：//www. ccpress. com. cn
销售电话：（010） 59757973
总 经 销：人民交通出版社股份有限公司发行部
经　　销：各地新华书店
印　　刷：北京虎彩文化传播有限公司
开　　本：787 × 1092　1/16
印　　张：13. 5
字　　数：158 千
版　　次：2018 年 12 月　第 1 版
印　　次：2018 年 12 月　第 1 次印刷
书　　号：ISBN 978-7-114-15409-6
定　　价：55. 00 元

序

PREFACE

看了谢雨蓉的新著《传统运输到现代物流融合创新发展》，感慨良多。一是感慨于在快节奏和浮华的今天，她还是一如既往地专注于学术研究，并终有所获；二是感慨于在物流理论、方法论研究成果之多的情况下，她能有感而发，选择并不为人重视、也的确存在难度的运输与物流关系入手进行研究，有胆量也有见识，难能可贵；三是感慨于在物流研究成果重复率较高的现状下，能从理论延展和注重应用这种往往吃力不讨好的方向研究，体现了对研究新视野、新方向的追求。

进入21世纪以来，我国物流产业发展突然提速，物流研究成果也处于大爆发状态。对于物流研究而言，长期以来困扰我们的是运输、物流的关系问题，很多研究要么回避，要么用泛物流的概念将运输、物流混用。运输是物流活动的核心环节，那物流是运输的什么呢？谢雨蓉用了五章的篇幅对现代物流与交通运输的关系、现代物流对运输组织与服务的影响、现代物流产业组织下的货运服务系统建设、现代物流产业组织下的货运服务系统优化、现代物流与电子商务的融合发展进行了系统研究，从研究的逻辑脉络可以看出，她选择了运输组织与服务、运输系统建设、运输与物流电商的融合视角，形成了较为独特的现代物流管理与服务理念下的产业系统建设视角，改变了静态的运输、物流管理研究，将物流与运输关系放到产业组织系统中去认识、去研究，既解决了单纯谈关系缺乏研究方向性的问题，也解决了现代货运系统构造中要素整合的困难和规模经济发展缺乏路径的问题，体现了她严谨的治学风格和应用为导向的研究积累，值得提倡。

在现代物流与交通运输的关系的研究中，提出交通运输是实现人和货物空间位移的基本手段，现代物流是在交通运输的基础上发展起来的，这种观点可能与许多人的不同，但作者进行了较为严谨的论证研究。首先是总结了几种具有代表性的国内外关于物流概念的表述，梳理了相关概念的形成过程，归纳了目前关于现代物流与交通运输关系的主要观点。观点的不同不是哗众取宠，而是继承和深化研究。在此基础上，作者从基本关系、运作关系和发展关系等多个层面，层层深入地探讨了现代物流与交通运输的关系及相关问题。交通运输是物流的重要组成部分和核心功能，现代物流业是在运输、信息和管理技术的支持下，对传统运输及相关产业的拓展和重组，是对传统产业管理理念的突破和产业运行方式的变革，这是二者的基本关系，这种基本关系的定位，为从产业组织层面进行研究奠定了良好的基础。基于现代物流宏观层面的特点，进一步分析了现代物流在运输环节有别于其他环节和传统运输的运作特点，这些特点体现了现代物流的理念和管理手段在运输环节的应用。最后提出现代物流作为产业未来发展的大趋势，并据此提出物流对运输的要求及运输应适应现代物流的发展方向，这是二者最高层面的发展关系。

通过分析现代物流对运输组织与服务的影响，认为现代物流与交通运输关系紧密，二者在基础设施、技术装备、运营组织、管理服务等各个层面相互影响。其中，现代物流对运输组织与服务变革的影响尤为深远，催生了许多交通运输领域的新业态、新模式，成为产业升级的重要推动力量，从而跳出了既有两者关系研究的静态模式，引入了产业组织演变的动态概念，基于功能关系但不受制于功能关系。在总结国内外相关研究成果的基础上，分析了我国传统货运业起步时的经济体制与市场外部环境、企业内部环境，以及在此环境中运输组织与服务方式形成的主要特点及其存在的问题。对现代物流基本内涵、运输在现代物流中的作用和现代物流在运输环节主要特点的分析，阐明了现代物流在传统运输组织与服务变革升级中发挥的作用，即现代物流推动了运输服务社会化、促进了不同运输方式跨区域组织运行，以及引导运输企业向现代物流企业转型，实现了对传统货运组织与服务方式的优化，对加快传统运输服务产业转型发展具有理论指导意义和企业发展借鉴价值。

现代物流产业组织下的货运服务系统建设，则是在前面分析研究基础上的进一步延伸，体现了应用导向研究的基本精神。构建现代综合交通运输体系是我国交通运输发展的基本方向，也是交通强国建设的重要内容。按照现代物流对运输产业组织的要求，加快货运服务系统建设，是构建现代综合交通运输体系的重要任务之一，这中间的不断转承递进，把问题的研究重心逐步较为逻辑地转到货运服务系统的建设，对传统运输系统的改造理论指引作用得到充分体现。把货运服务系统建设这一微观层次的问题与运输服务业产业组织这一中观层次的问题相联系，以产业为着眼点，回顾了关于服务、服务业与服务经济、生产性服务业等理论研究的历史脉络与研究成果，以系统为着眼点，梳理了系统科学、服务系统等领域的研究成果，为分析运输服务产业和剖析运输服务系统提供了理论依据和方法论。按照产业组织市场结构、市场行为、市场绩效的研究框架，对运输服务业的产业组织基本架构和运行特征进行了分析。至此，形成较为清晰的运输产业的发展概念。作者在此基础上从公路零担货运、国际集装箱多式联运和快递运输三种典型货物运输组织流程入手，分析了货运服务系统的构成要素和运作方式，构建了货运服务系统的总体框架，既验证了自己提出的相关理论，又在实践层面上给出了货运服务系统的建设发展方向。

现代物流产业组织下的货运服务系统优化，在逻辑上是上述研究的自然延伸，研究指出通过整合现有要素和引入新的要素来构建系统，能够改变货运服务业的产业组织形态，是传统运输适应现代物流产业组织的发展方向，业态的创新是产业创新的重要表现形态和内容，作者通过梳理总结系统优化的相关理论与方法，以及在运输服务领域系统结构的剖析方法、优化目标的确定和优化路径的选择等，为业态的创新提出了具有效率指引的优化方向，符合现代产业高质量发展的基本内涵和特点。至此，作者研究提出货运服务系统优化的目标是为了更好地满足经济社会发展所产生的货运服务需求，而用于满足这一需求的“产品”是由货运服务系统中的要素按照一定的方式进行组织“生产”出来的，因此，调整要素的组织方式可以“生产”出更符合需求的运输服务“产品”，即实现了系统优化，系统优化的根本手段是调整要素主体之间的关系，也就是产业组织的变革，较好地解决了理论和实践的对接问题。

现代物流与电子商务的融合发展在本书中具有案例的作用，也是对作者提出的一系列观点的总结和提升。在现代物流产业组织背景下，货运服务系统以更好地满足运输需求为目标导向，调整系统要素之间的关系，更加有效地开展生产组织活动，从而实现系统优化。近年来，现代信息技术迅猛发展并与现代物流深度融合，为运输服务提供了更加高效的生产组织手段，并改变着货运服务系统的要素关系，进一步推动了系统优化。作者以产业经济学研究范畴中的产业融合论为理论依据，以电子商务的快速发展为背景，研究现代物流与电子商务的融合发展推动产业优化升级的发展路径。从消费者角度，对电子商务和电商物流的需求是不可分割的一个整体，属于复合型需求，现代物流与电子商务融合发展，能够在整合电子商务海量数据和电商物流碎片化需求的基础上，实现更加合理的生产组织，提供更加符合复合型需求的电商物流服务，从而实现传统货运系统的优化升级和现代物流产业的优化发展。运输服务作为产业发展所面临的最大难题是分散的运输服务需求、集中的运输服务供给在对接中的信息不对称，造成运输服务规模经济较为困难，本章看似与运输关系不紧密，实则是通过现代物流与电子商务的融合为运输服务系统建设中破解供需对接难题提供了新路径，即融合带来了供需对接的新环境和新模式，现代运输服务的网络化、规模化将在这种对接中变得更为容易实现。

汪　鸣

2018 年 9 月 16 日

于“山竹”袭击下的广州

前言

FOREWORD

物流是随着人类生存空间扩张而不断拓展的生产性活动，从走出非洲到地理大发现，再到太空探索，物流伴随人类脚步的延展，逐步扩大活动范围，为人类在新的生存空间中生产生活提供了重要支撑和保障。人们认识现代物流大多是从认识传统运输开始的，交通运输实现了物品的空间位移，物流则进一步改变了物质资源的时空关系。经济社会发展推动生产生活方式持续变革、科学技术突飞猛进，现代物流在传统运输的基础上，服务功能不断拓展，组织方式更加高效，尤其在与现代信息技术加速结合以后，日益走向融合创新发展。

从传统运输到现代物流不仅仅是概念和理念的转换，也不仅仅是功能和内容的拓展，在系统论视角下，它涉及系统优化问题，在产业经济学视角下，它涉及产业升级问题，是一个具有多重分析视角和研究维度的复杂问题。本书对这一问题的分析起始于传统运输与现代物流的关系，在第一章围绕交通运输作为现代物流的核心功能和复合产业形成基础，构建了二者的基本关系，围绕现代物流的基本特点和在运输环节的运作特点，构建了二者的运作关系，围绕现代物流的发展趋势和对交通运输的发展要求，构建了二者的发展关系。本书第二章分析了现代物流对运输组织与服务的影响，指出现代物流在运输组织与服务变革升级中发挥了重要作用，促进了传统产业升级，也催生了新业态、新模式。第三章与第四章分别在现代物流产业组织的整体格局下，探讨了货运服务系统的建设与优化问题，在系统要素构成、相互作用关系与货运产业组织的市场结构、市场行为、市场绩效之间建立了有机联系，提出货运服务系统优化的根本手段是调整要素主体之间的关系，也就是产业组织的变革。本书的最后一章在前述理论分析的基础上，探讨了现代信息技术推动电子商务等新业态快速发展的背景下，现代物流进一步融合创新的发展方向。

本书是作者多年从事国家发展和改革委员会综合运输研究所基本科研业务费课题研究成果的提炼总结，作者在课题研究过程中得到了所学术委员会各位专家的悉心指导，董焰、郭小碚、汪鸣、吴文化、冯浩、罗仁坚、肖昭升、罗萍、邹斯林等专家对课题的研究方法、主要观点提出了大量宝贵意见，对本书成稿帮助良多，在此深表感谢。受作者学识所限，书中尚有诸多不足之处，恳请各位读者批评指正。

作　者

2018 年 8 月 30 日

目　录

CONTENTS

1　现代物流与交通运输的关系 ………………………… 1

1.1　物流概念的形成与演进 ………………………… 3

1.2　关于现代物流与交通运输关系的几种观点 ………………………… 7

1.3　现代物流与交通运输的基本关系 ………………………… 9

1.4　现代物流与交通运输的运作关系 ………………………… 10

1.5　现代物流与交通运输的发展关系 ………………………… 15

本章参考文献 ………………………… 30

2　现代物流对运输组织与服务的影响 ………………………… 33

2.1　国内外将现代物流应用于运输组织与服务的理论实践 ………………………… 35

2.2　现代物流影响运输组织与服务的理论总结与经验借鉴 ………………………… 39

2.3　我国传统的货运组织与服务方式 ………………………… 44

2.4　现代物流对传统货运组织与服务方式的变革 ………………………… 55

本章参考文献 ………………………… 60

3　现代物流产业组织下的货运服务系统建设 ………………………… 63

3.1　关于运输服务的相关研究 ………………………… 65

3.2　关于运输服务系统的相关研究 ………………………… 72

3.3　运输服务业产业组织的基本理论 …… 83
3.4　货运服务系统的构成和运作机理 …… 93
3.5　货运服务系统对产业组织的影响 …… 104
3.6　构建货运服务系统的思路与建议 …… 107
本章参考文献 …… 109

4　现代物流产业组织下的货运服务系统优化 …… 113
4.1　关于运输服务系统优化的相关研究 …… 115
4.2　货运服务系统建设与优化的关系 …… 125
4.3　货运服务需求的变化趋势 …… 127
4.4　货运服务系统的演变 …… 134
4.5　货运服务业产业组织的变革 …… 141
本章参考文献 …… 147

5　现代物流与电子商务融合发展 …… 151
5.1　产业经济学的相关理论 …… 153
5.2　产业融合的基本规律 …… 163
5.3　电子商务与电商物流的发展状况 …… 172
5.4　物流与电子商务融合的发展规律 …… 190
5.5　结语 …… 200
本章参考文献 …… 201

1 现代物流与交通运输的关系

「内容提要」

交通运输是实现人和货物空间位移的基本手段，现代物流是在交通运输的基础上发展起来的。本章总结国内外关于物流概念具有代表性的几种表述，梳理相关概念的形成过程，归纳目前关于现代物流与交通运输关系的几种主要观点。在此基础上，从基本关系、运作关系和发展关系等多个层面，层层深入地探讨现代物流与交通运输的关系及相关问题。交通运输是物流的重要组成部分和核心功能，现代物流业是在运输、信息和管理技术的支持下，对传统运输及相关产业的拓展和重组，是对传统产业管理理念的突破和产业运行方式的变革。这是二者的基本关系。基于现代物流宏观层面的特点，进一步分析了现代物流在运输环节有别于其他环节和传统运输的运作特点，这些特点体现现代物流的理念和管理手段在运输环节的应用。最后，探讨现代物流作为产业未来发展的大趋势，并据此提出物流对运输的要求及运输应适应现代物流的发展方向，这是二者最高层面的发展关系。

1.1 物流概念的形成与演进

1.1.1 物流概念的相关表述

物流是伴随经济发展、科技进步而逐渐发展成熟的一种先进管理理念与管理方式，各国的学者、行业管理者在对物流的研究中，由于出发点、侧重点不同，对具体含义也有不同描述，形成了物流概念的多种表述方式。

①美国物流管理协会[1]（Council of Logistics Management）的定义为："通常意义上的物流概念是为满足消费者需求而进行的对原材料、中间库存、最终产品和相关信息从起始地到消费地的有效流动和储存的计划、实施和控制的过程。"

②日本日通综合研究所在所编写的《物流手册》中对物流的定义为："物流是物质资料从供给者向需要者的物理性移动，是创造时间性、场所性价值的经济活动。从物流的范围来看，包括包装、装卸、保管、库存管理、流通加工、运输、配送等诸种活动。"

③欧洲物流协会（European Logistics Association）1994 年公布的物流术语中表述为："物流是在一个系统内对人员或商品的运输、安排及与此相关的支持活动的计划、执行与控制，以达到特定的目的。"

④依据我国国家标准《物流术语》（GB/T 18354—2006）的定义，物流是"物品从供应地到接收地的实体流动过程，根据实际需要，将运输、储存、装卸、搬运、包装、流通加工、配送、信息处

[1]物流管理协会现更名为供应链管理协会（Council of Supply Chain Management）。

理等基本功能实施有机结合。”

上述是包括我国在内的不同国家（地区）对物流所下的定义，其中既有行业协会对物流概念的界定，也有研究机构对物流含义的理解，总体而言这些定义内容上不存在大的分歧，只是在表述方式和重点上略有差异。美国物流管理协会的定义体现了物流活动的基本特点，突出其管理特性；日本日通综合研究所的定义更加强调物流创造价值的特性；欧洲物流协会的定义主要关注物流活动的目标与实现过程；我国对物流的标准定义则对物流的基本功能进行了重点阐释。

就目前而言，美国物流管理协会对物流的定义更为全面准确地概括了物流的实质与特性，因此在世界范围内得到认可的程度较高。我国对物流的定义着重强调其各项功能和功能间的联系，对于物流起步较晚、尚处于发展完善阶段的我国更具有操作性和指导意义，因此被视为国内较权威的定义。

1.1.2 物流概念的形成过程

理论界普遍认为人们对物流活动和物流管理的认识起源于美国。1901 年，约翰 · F. 格鲁威尔（John F. Growell）在美国政府《农产品流通产业委员会报告》中第一次论述了对农产品流通产生影响的各种因素和费用，在理论上开始了对物流这种经济活动的认识。20 世纪 20 年代，美国著名营销专家斐莱德 · E. 克拉克（Fred E. Clark）在其《市场营销的原则》一书中，将市场营销定义为商品所有权转移所发生的各种活动以及包含物流（Physical Distribution，PD）在内的各种活动，从而将物流纳入到市场经营行为的研究范畴之中，将其真正上升到理论高度加以研究和分析。虽然物流活动在这一时期已经开始得到人们的重视，但多为理论层面的研究，尚未广泛付诸实践应用，而且只是被作为流通的附属机能，而非独立的管理活动。

第二次世界大战期间，美国军事后勤活动（Logistics）通过对采购、运输、仓储、分发进行统筹安排、优化调度和全面管理，实现了成本更低、效率更高、安全性更有保障的军需供给，被认为是现代物流活动的经典案例，也通常被视为物流管理思想、方法与技术形成的标志。其后，物流的运作理念与管理手段被应用于经济生活与企业管理，大大提高了资源利用效率和企业的经济效益，使物流得到了更多的关注和更高的重视。

20 世纪 50 年代，物流概念被引入日本。当时的日本正处于战后经济重建时期，重工业与制造业快速复苏。由于战略资源匮乏、发展空间狭窄，日本政府与企业界迫切需要提高国内产业劳动生产率，于是派出各种专业考察团到国外考察学习，撰写并公开发表了大量的考察报告。1958 年，刊登在《流通技术》杂志上的“劳动生产率报告 33 号”首次提到了“PD”（Physical Distribution），正式将物流概念引入日本，大大推动了日本物流研究。1964 年，“物的流通”取代了从英语中直接引用的“PD”，物流革新思想开始渗透到日本整个经济社会，尤其在企业物流运作中取得了巨大成功。此后，日本迅速成为世界上物流最发达的国家之一，物流也为日本的经济复苏和社会发展做出了重大贡献。

20 世纪 70 年代，席卷全球的石油危机使西方发达国家建立在廉价能源与原材料基础上的传统赢利模式遭遇巨大挑战，企业的利润源泉面临枯竭的威胁。物流管理通过优化生产和销售流程而降低全程成本、提高总体效率，成为企业节省成本、挖掘利润的“第三利润源泉”，在全球范围内受到了越来越广泛的认同和重视，物流理论与实践也在这一时期得到极大的推动。

进入 20 世纪 90 年代，物流技术和理论在渐进发展的基础上逐步走向完善，物流管理在发达国家已进入成熟期，物流技术的应用日益广泛，物流的内涵也更加丰富，特别是传统的物流管理与以计算机技术、网络技术为代表的现代信息技术嫁接后，更具有了现代经济特征，现代物流的概念也因此在区别于传统物流概念的基础上被理论界和企业界广泛接受。

上述物流概念的形成过程如表1-1所示。

物流概念的形成过程 表1-1

<table>
<tr><th>发展阶段</th><th>时期</th><th>地域</th><th>研究和运作领域</th><th>认识程度</th></tr>
<tr><td rowspan="2">起源</td><td rowspan="2">20世纪初</td><td rowspan="2">美国</td><td>农产品流通</td><td rowspan="2">流通的附属机能</td></tr>
<tr><td>市场经营</td></tr>
<tr><td rowspan="2">形成</td><td>第二次世界大战期间</td><td rowspan="2">美国</td><td>军事后勤活动</td><td>组织管理思想、方法与技术</td></tr>
<tr><td>战后初期</td><td rowspan="3">经济生活与企业管理</td><td rowspan="2">一系列的组织、协调、控制和经营管理活动</td></tr>
<tr><td>传播</td><td>20世纪50~60年代</td><td>日本</td></tr>
<tr><td>成熟</td><td>20世纪70年代</td><td>发达国家</td><td>第三利润源泉</td></tr>
<tr><td>完善</td><td>20世纪90年代后</td><td>全球</td><td>供应链管理</td><td>能创造更高价值的经济管理活动</td></tr>
</table>

1.1.3 现代物流的内涵

现代物流的概念从形成到传播是一个渐进的过程，在此过程中，其内涵不断演变和延伸，形成了当前多元化的物流概念体系和对物流内涵的丰富阐释。现代物流的概念有多种表述方式，不同的表述方式有各自的出发点和侧重点，对于现代物流的内涵也应从多个角度加以理解。

（1）现代物流代表先进理念

现代物流代表了一种贯穿于生产消费全过程的先进理念。首先，现代物流体现系统理念，它追求整个供应链系统的成本最小化和效益最大化，致力于提高供应链的整体竞争力；其次，现代物流体现共赢理念，它追求供应链中所有参与方都能从中受益；最后，现代物流具有和谐理念，其运作的目标是实现经济系统、社会系统和自然环境系统的和谐共存与共同发展。

（2）现代物流是一种高效的产业运行方式

现代物流是基于物流信息的收集、分析和发布平台，采用全新的管理理念和组织手段，依靠先进的物流技术手段与装备设施，实现货物在供给者、需求者与物流服务提供者之间高效流动的一种产业运行方式，整个运行过程中，包含计划、组织、指挥、协调、控制等各项管理职能。

（3）现代物流的价值体现

现代物流是基于完整供应链的资源整合与配置，整个过程具有很强的计划性、目的性和可控性，因此现代物流意味着安全、准确、经济与高效，能够有效地降低成本、提高效率和改善服务。

1.2 关于现代物流与交通运输关系的几种观点

按照目前较为普遍的理解，物流是物品在起点与终点间的实体流动过程，交通运输（指货物运输，下同）是利用运输工具实现货物的空间位移，从二者的含义来看，物流与运输的实现都表现在物品空间位置的变化，但实现这一结果的过程有所不同，所达到的效果也有所不同，因此它们既有联系，又有区别。对此，交通运输与物流领域的专家主要有如下观点：

冯浩认为，传统意义上的运输以完成在经济社会活动中产生的各类物质的空间位移为主要任务，这种位移表现出空间上的大跨度性与时间上的非连续性。现代物流以运输技术和信息技术为基础，以系统理论指导经营管理，在满足流通需求的同时，追求将服务全过程的系统总成本（包括时间成本与增值服务成本）降至最低水平，而流通过程则依赖于以信息系统为支持的运输系统来完成。可以说，没有运输就谈不上物流，而仅仅依靠运输也不可能满足当今经济社会发展所产生的日趋复杂的流通服务需求。在这个意义上，交通运输必须成为现代物流的有机组成部分。广义物流概念包含了交通运输，物流与交通运输的联系在宏观层面上是一种新兴管理理念和管理技术在传统行业基础上的应用与推广。

褚嫒嫒等持有一种观点，认为物流和运输是有着不同范畴的两个词语，交通运输是一个明确的行业，是具有特定意义的生产或服务活动及领域，物流更多地表现为一种理念、一种算术、一种管理，表现为规划与控制，表现为成本与效率。所以他们认为，物流是一个行业或一个产业的提法并不一定科学，从事物流服务的企业依然应该归属于原本归属的行业。但对此汪鸣等学者则有不同看法，他们认为，相对于交通运输这种传统产业形态，现代物流业是一种新型服务业态，它是一种“包含各种业态和类型的物流服务形式，具有现代技术和管理组织特征，涵盖交通运输、仓储、信息、流通加工、包装、搬运装卸、区域分拨和配送等行业在内的新的服务业产业形态。”并且，汪鸣在此基础上提出了物流业是一个“复合型产业”的创新观点。

杨家其和罗萍认为，现代物流是一个通过不同的经济管理活动（如计划、实施与控制），对资源从原产地到最终消费者的有关选址、移动和存储业务进行的优化过程，其实只是货物的有效流动，而这恰恰是运输的基本功能。因此，可以说现代物流实际上是对运输概念的一种延伸，是对传统运输方式的一个革命性突破。

冉荣隆指出，从狭义角度，运输组织意味着运输过程优化，侧重于合理使用运输工具，物流组织则意味着流动过程的优化，侧重于物资流动方式的合理性。由运输向物流的转变相当于把运输工具与运输对象的位置做了对调。再进一步讲，这种转变把生产与流通运输这一对对立统一的事物的位置也做了调整，过去以研究生产为主，运输流通为辅，现在以流通运输为主，生产为辅，他认为这就是物流概念的新意所在。

上述观点基本代表了这一研究领域的典型观点：一是认为广义的物流概念涵盖了交通运输，交通运输是物流的有机组成部分；二是认为运输与物流分属两个不同范畴，前者是一个行业，后者是一种管理理念和技术；三是认为物流是对运输的发展和升级。第一种观点和第三种观点虽有不同，但都承认物流中含有运输这项要素，第二种观点则是把广义的运输概念与狭义的物流概念进行了比较。从本章前面论述的几个物流概念来看，物流基本包含了运输的内容，运输是物流的重要组成部分，因此，上述观点中，第一种观点目前在业内的接受程度较高，物流业是一个“复合型产业”的观点也得到了政府、企业、行业协会等各方面较为广泛的认同。本章也主要是在产业维度对现代物流发展问题进行探讨。

1.3 现代物流与交通运输的基本关系

1.3.1 交通运输是现代物流的核心功能

现代物流的主要功能包括运输、仓储、装卸、搬运、包装、流通加工、配送、信息服务等，各功能之间既相互联系又相互制约。运输是现代物流的核心功能，它体现在三个方面：一是运输功能实现了物品的空间位移，这是物流最基本的服务功能；二是物流在实现许多其他功能的过程中需要借助于运输功能；三是运输功能实现了其他物流功能之间的相互衔接，保障了整个物流过程的顺利完成。

一般而言，对物流服务的需求中，运输服务需求是最主要的需求，运输成本也是最主要的物流成本支出。在我国，运输费用占社会物流总费用的50%以上，运输收入是多数物流企业的主要营业收入。

1.3.2 交通运输是现代物流复合产业形成的基础

交通运输作为一个传统产业，管理理论与管理手段长期滞后于基础设施与装备技术的发展。当这一传统产业在现代物流理念的指导下，按照全新的产业运行方式重新组织，并得到迅猛发展的信息技术与运输技术的支持，曾经被割裂的生产环节和流通环节得以沟通并紧密联系在一起，经济社会发展对交通运输的需求得到了更好的满足。从这个意义上说，交通运输这一传统产业是现代物流理念应用和推广的基础，同时，交通运输也是现代物流的重要组成部分，它与仓储、加工、信息服务等相关产业相互融合、贯通与优化组合，共同构成了现代物流这一新型复合产业。

1.4 现代物流与交通运输的运作关系

1.4.1 现代物流的基本特点

（1）现代物流的产业布局特点

现代物流在产业布局方面有三个显著特点：一是物流作为基础产业部门，需要为经济社会各部门提供基本的、共同的服务，因此物流的产业布局覆盖范围广、下沉层级深、涉及部门众多；二是现代物流产业布局对其他产业的布局具有支撑和引导作用，有助于增强区域资源要素集聚能力、整合能力，引导产业集约化布局，促进产业带、产业群的形成；三是现代物流产业布局不仅受市场因素调节，还受宏观的国土开发战略、资源能源战略、区域发展战略等国家重大发展战略以及公平、效率、和谐等人类社会发展理念的深刻影响。正因为如此，现代物流的产业布局不仅仅是微观的企业行为，政府宏观层面的战略部署与政策引导也是十分必要的。

（2）现代物流的产业结构特点

物流产业经历了多年的发展，其产业构成变得越来越丰富，表现为生产经营形态、经营主体、服务层次、企业类型等均趋于多元化。一是产业内部的生产经营形态从传统的工商企业自营物流衍生出企业专业物流部门和社会化的第三方物流；二是物流经营主体不仅包括物流活动的实际运作者，还包括物流方案的设计者、物流设施设备的租赁者、物流交易活动的撮合者等，特别是随着互联网等现代信息技术的发展，各类物流平台以物流资源整合者的身份，成为物流市场上重要的经营主体；三是物流服务细化为针对一般商品的普通物流、针对大宗物资的大宗物流、针对高附加值产品的精益物流、针对各种特殊产品的特种物流等多个类型和层次；四是物流企业类型既有具备综合物流服务能力的综合物流企业，也有以一两种物流服务功能为主的专业储运企业、配送企业等，还有跨业融合发展的物流新业态企业。丰富的产业构成决定了现代物流业具有复杂、多样的产业结构，对不同地区、不同领域物流产业结构合理性进行判断和对产业结构进行调整的难度较大。

（3）现代物流的市场需求特点

现代生产方式是按照供应链进行组织的，一般的工商企业通常居于一条或者多条供应链上相对固定的位置，其市场需求一般来自产业下游，而对于现代物流的需求却贯穿于整个供应链的上下游。物流凭借其组织功能实现供应链上各个节点的连接，其服务对象是供应链上所有参与者，包括原材料和半成品的供应商、产品生产者、批发零售商和最终的消费者。因此，物流产业面对的是一个广阔而复杂的市场，需求层次和种类多样。同时，当代经济运作模式下的供应链需要通过物流进行组织，因而经济社会对于物流的总体需求具有一定的刚性，特别是经济发展到重化工业阶段，全社会物流需求会保持旺盛并持续增长的态势。物流总体需求的刚性表现在多个方面，比如社会物流成本占国内生产总值（GDP）的比重，目前发达国家保持在10%左右，我国比发达国家高出50%左右，这一比例短期内很难有较大变动。再如货物生成密度，它与经济发展水平和产业结构密切相关，在一定地域范围内、一段时期内会保持在一个相对稳定的水平。

（4）现代物流的运营组织特点

现代物流业是一个复合产业，在运营组织方面与一般产业最大的区别在于它需要进行跨地区、跨部门、跨行业的协调、组织和管理，需要同时在空间上与时间上实现有序安排和无缝衔接。这种运营组织方式与传统运输组织方式最大的区别在于它不仅依靠各种运输技术来实现，而且高度依赖现代物流管理技术和现代信息技术，正是上述三种技术的有机结合，实现了物流沟通现代经济体系中生产、流通与消费环节的功能。

（5）现代物流的发展环境特点

现代物流的发展环境包括自然环境、经济环境、社会环境、政治环境等，它们共同构成现代物流存在与发展的生态系统，对现代物流的发展会产生深刻而持续的影响，同时也在现代物流发展过程中产生的各种反馈信号的作用下，不断地发生变化。第一，物流的发展受地理区位、自然条件、资源禀赋等自然因素的影响，同时，相比于传统交通运输产业，物流通过先进技术、理念和管理手段的应用，力求减少土地占用、能源消耗、环境污染等对自然环境的负效应；第二，物流的发展与总体经济发展水平、产业容量与结构、贸易范围与活跃程度等具有直接关系，同时它又是构成一个国家或地区产业发展环境、投资环境等的重要因素；第三，物流的发展与社会化大生产水平以及社会生活方式与生活水平密切相关，同时也对社会生产生活方式的变革起积极的推动作用，物流服务创新还会捕捉和诱发新的需求；第四，政治环境的稳定是物流发展的基本保障，国家或地区战略从总体思路到具体政策都在宏观层面影响着物流的发展方向与发展速度，同时物流的发展也为战略的实施提供了强有力的支持。

1.4.2　现代物流在运输环节的运作特点

（1）运营组织以多重网络为基础

交通运输具有网络特性，传统运输产业的网络特性主要体现在基础设施的网络布局和运营组织的网络化。现代物流的运输环节则是基于交通基础设施、信息、管理多重网络来实现，需要运用先进的物流管理理念和运输技术，依托信息的互联互通，按照全新的服务组织方式完成货物有计划、有组织、有目的、有效率的空间位移。

（2）各种运输方式优势互补

根据五种运输方式各自的技术经济特点和不同的适用范围，合理组合、高效组织和有效衔接，使不同运输方式最大限度地发挥各自优势是现代物流在运输环节实现低成本、高效率和优质服务的重要手段之一。另外，相比于传统运输对运输装备个体效率的追求，现代物流更加注重各种运输装备的组合效率，也更加依赖于交通运输与其他环节的衔接配合。一些现代运输方式，如甩挂运输、驮背运输、海铁联运、多式联运等在现代物流思想兴起之后明显加快了发展步伐，以海港、空港、货运场站为依托的物流中心和物流园区也得到了蓬勃发展，这些均体现了现代物流在运输环节对系统整体效率的追求。

（3）信息技术、管理技术与运输技术相互融合

现代社会已进入互联网时代，信息四通八达，社会经济生活建立在日新月异的科学技术和不断更新的思想理论基础上。现代物流的管理理论和组织模式正是为了适应现代化的生产与生活方式而产生的。物流将近年来快速发展的信息技术、管理技术与各种运输技术紧密结合在一起，通过交通运输这一核心运作环节与组织功能，将社会化大生产过程有机联系起来，满足了生产、流通及消费过程中日益庞大和个性化的物流需求，对降低物流成本、提高物流效率、改善物流服务、创新物流组织方式发挥了重要作用。

（4）运输活动贯穿物流过程

一般而言，运输活动贯穿着整个物流过程，是现代物流所有环节中时间跨度与空间跨度最大的一个环节，同时也是联系其他物流环节的纽带，是其他物流功能得以实现的基础。运输环节的成本支出和经营收入在物流经营收支中一直保持着较高比例，运输时间也是影响现代物流时效性的重要因素，对于这一环节的控制和优化对于提高整个物流系统的效率和效益具有重要意义。

（5）运输状态的实时变化

在整个物流过程中，运输状态发生着实时变化，这些变化包括空间的位移、时间的转换、运输方式的改变、货物状态的变化以及

运输工具的移动等。这种多因素、高频率的变化对物流过程的安全性、可靠性、准确性、及时性等提出了挑战，对于运输过程的有效监管和实时调整是物流方案顺利实施的保证，是物流服务水平的重要体现。

（6）运输的服务性

现代物流在运输环节的服务性特点不仅体现在运输服务于物流服务需求者，还体现在运输服务于其他物流环节和整个物流过程。运输组织和执行应满足物流服务需求者的要求，并体现其利益，同时运输还要保证所有物流环节的顺畅衔接和高效运行，有利于整个物流过程的成本降低、效率提高和服务水平的提升。

1.5 现代物流与交通运输的发展关系

1.5.1 现代物流的发展趋势

现代物流是伴随社会化大生产进程产生和发展的，随着科学技术的进步、贸易范围的扩大，其功能也在不断拓展，服务领域不断延伸，呈现出一体化、网络化、智能化、专业化、社会化、国际化等趋势。不仅如此，现代物流业是国民经济体系的构成要件，但它作为复合产业，又具有区别于其他产业门类的独特产业特性，它的存在和发展需要依附于其他产业，它在运营中产生的外部性明显，这些产业特性必然使其发展产生个性化的趋势。随着产业环境、服务对象以及产业自身的发展变化，现代物流的发展轨迹也在不断调整，特别是在宏观层面呈现出许多新的发展趋势。

（1）产业布局：新的物流中心伴随产业转移而兴起

现代物流这种先进的管理模式首先是从经济较为发达的地区发

展起来的。在这些地区，随着产业规模的扩大、分工的细化，要求物资在生产、流通和消费环节之间更为顺畅地流转。在需求的引导下，现代物流逐渐发展、成熟起来，一些大的物流中心也在这些地区逐渐形成。

但是，产业的积聚也使这些地区的土地、原材料、劳动力等生产成本不断上升，资源约束也日益凸现，于是大批产业，特别是对原材料、劳动力投入量较大的制造业开始从这些地区转移出来，而承接这些产业的大多是经济相对欠发达，拥有大量廉价原材料和劳动力的地区。

以制造业为主的这些转移产业生成的物流量巨大，对物流服务需求旺盛，因此，产业的转移必然引起物流中心的转移。20 世纪 90 年代以前，全球的大型港口主要集中于欧洲和北美，但 20 世纪末以来，亚洲港口以超乎想象的速度成长起来，如今，全球最繁忙的集装箱港和远洋班轮航线大多集中于亚洲和太平洋地区。海运是国际物流最主要的载体之一，它的这一变化趋势正是国际物流中心转移信号的释放。近年来，我国中西部内陆地区经济发展相对于东部沿海地区加快了脚步，特别是“一带一路”倡议的深入推进和长江经济带战略的实施，使重庆、成都、郑州、西安、武汉等城市扩大了对内对外双向开放，加快了增量产业布局，借助中欧班列的大范围开行、长江综合立体交通走廊的建设，这些城市聚集了大量物流资源，快速崛起，成为我国新的物流中心。

（2）产业分工：物流产业按功能分工转向按网络层次分工

物流业是一个复合产业，它是在运输、仓储、包装、加工等多个传统产业的基础上整合发展而来的，因此，过去产业内部一般是按照功能分工，运输企业、仓储企业、配送企业、装卸公司等这些具有单一功能的传统企业是物流服务的主要提供者。但随着现代物流理念的发展，整合了各种物流服务功能的现代物流服务模式应运而生，并且逐渐取代了传统物流服务模式的主体地位。物流服务主体也由功能单一的传统物流企业，发展到具备运输、仓储、配送、加工等多种服务功能的综合物流企业，物流产业的功能界限被打破，各种服务功能开始走向融合。

与此同时，物流需求时间与空间跨度的不断加大，促使物流网络加快扩展，物流服务范围持续扩大，而“门到门”“准时制”（Just in Time，JIT）等物流服务理念又要求不断提高物流服务的专业化水平和运作精度。在这种情况下，很少有物流供应商能够在构建覆盖全球物流网络的同时，又在所有网点建立起综合各种功能的物流服务企业，再加上不同国家物流市场准入条件的限制，物流企业独立建立纵向的经营链条难度很大。因此，物流产业只能按照不同网络层次进行分工来整合和完善整个系统，形成国际物流、国内物流、区域物流乃至地区物流的网络层次结构。如今，许多跨国物流集团与当地物流企业之间已经建立起了这种纵向的分工关系，这些大集团布设了覆盖全球的物流网络，但在许多物流节点上全部或部分采用向当地物流企业购买服务的方式开展物流活动。这种产业分工模式既降低了大集团开辟新市场的门槛和风险，也充分利用了当地资源，拓展了小企业的生存空间，是双赢之举，也有利于物流产业的健康发展。

（3）运营模式：拥有物流资源转向控制物流资源

原始的物流形态是企业自办物流，即生产企业和销售企业自己拥有运输工具、仓库堆场、装卸机械等物流设施设备，并且这些设施设备一般只为本企业服务。随着物流业的发展，出现了企业间的联合配送等物流运营模式，物流服务需求者之间开始共享物流设施、设备等物流资源。在此之后又出现了第三方物流，它完全从一个物流服务供给者的角度为物流服务需求者制定完整的物流实施方案并提供专业的物流服务，帮助客户实现更加高效的物流管理，物流开始走向社会化。

第三方物流的出现将物流服务的供给者与需求者彻底分离开来，将原本属于工商企业的自有物流资源转化为社会共有物流资源，它的蓬勃发展是现代物流思想和管理手段逐步走向成熟的重要标志。第三方物流通过多种渠道掌握物流信息，其中社会化的公共物流信息平台是重要渠道之一。第三方物流对物流园区、配送中心等公共物流设施有较大需求，企业的生产经营活动不仅仅依靠自有的设施、设备，而是越来越多地依靠租赁、协议等方式从社会获取这些资源。

总而言之，现代物流的发展趋势是将包括物流信息、设施、设备、资金等各类物流资源向社会剥离，或者整合在向社会开放的平台上，无论对于服务需求方还是供给方，他们所使用的物流资源已经从各自所拥有的扩展为其所能控制的，使物流资源建设和运营效率大大提高，同时也使物流服务专业化程度显著提高。

（4）发展环境：新发展理念为现代物流创造了发展机遇

资源枯竭、环境恶化是目前全球面临的共同问题，如果按照传统的发展模式继续下去，那么在世界经济快速增长的同时，资源将难以为继，环境将不堪重负，最终将切断经济发展的动力，动摇社会发展的根基。因此，以创新、协调、绿色、开放、共享的新发展理念代替传统发展理念，不仅是保护环境的要求，更是自然、社会、经济全面、协调、可持续发展的根本要求。

现代物流的理念就是将经济、社会和自然环境视为一个系统，追求系统效益最大化。首先，现代物流要求打破地域和行业限制，推动资源共享，有效遏制重复建设、低层次开发、设施设备闲置等资源浪费现象；其次，现代物流通过采用先进的新型技术、物流技术和管理手段来减少资源占用、能源消耗和环境污染，同时提高设施设备的运转效率，推广高效率物流装备的使用；再次，现代物流以供应链为管理对象，对物流全程进行控制，从原材料供给到废弃物回收，按照循环经济发展要求，将物流服务渗透到各个环节；最后，现代物流把服务对象视为利益共同体，通过物流成本的降低和物流效率的提高，实现其利润的增长，并与其共享发展成果，为经济发展和社会进步做出贡献。

现代物流能够实现社会、经济和环境的“共赢”，在践行新发展理念的过程中必将受到越来越多的关注，未来发展空间十分广阔。

1.5.2　现代物流对交通运输的要求

交通运输是物流的有机组成部分，因此物流服务的顺利实施必然要对交通运输提出相应的要求，这些要求是多层次多角度的，与现代物流的特点、发展趋势与演进方向密切相关，需要从运输发展理论创新的角度，进行系统总结。

（1）现代物流对运输成本的要求

运输成本在现代物流总成本中占有很大比重，如图 1-1 所示。尽管由于货物种类、物流组织形式或供应链结构不同，这一比重会有所差别，但总体而言，运输成本占物流总成本的 50% ~90% 。在我国社会物流总费用中，运输费用的比例长期保持在 50% 以上，这其中还包括了超载超限等违法违规操作和个别行业非市场化定价机制造成的成本失真因素，实际成本比例可能高于这一统计数据。因此，运输成本对物流总成本产生的影响极大，运输成本的高低，直接关系甚至决定物流成本的高低。现代物流对运输成本的要求主要反映在三个方面。

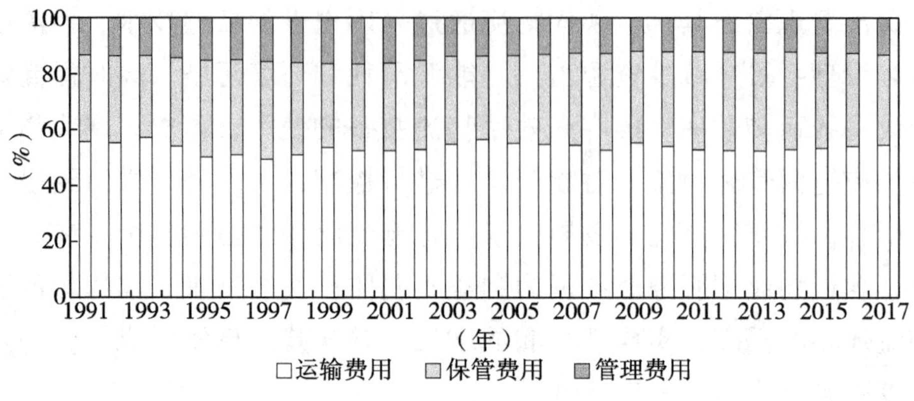

图 1-1 我国物流成本构成

资料来源：历年《中国物流年鉴》。

①低成本。现代物流是经济社会运行的基础，物流成本反映了经济社会的运行成本，因此，降低成本是现代物流的基本要求。在我国，由于物流增值业务发展滞后，且市场竞争异常激烈，物流业的利润水平十分微薄，抽样调查数据显示的行业毛利水平只有4%左右，成本对行业发展的影响非常显著。运输过程产生的相关费用是物流成本中的最大支出，运输成本降低1个百分点，物流总成本至少降低0.5个百分点，所以现代物流致力于提供低于社会平均运输成本的运输服务，传统货运业必须进一步降低成本才能满足这一要求。需要说明的是，低成本是一个相对的概念，即相比于传统运输，通过现代物流组织的运输环节全程综合成本更低，并且通过物流服务支撑生产经营活动扩大规模，形成规模效应，为运输成本进一步降低拓展空间。

②成本稳定。现代物流要求运输服务成本维持基本稳定，以减少物流总成本的波动。物流的价值体现在商品从一地到另一地的流动中产生的增值效应，如果在流动过程中成本不确定，增加了过多的意外支出，商品的增值被增加的物流成本抵消，物流活动就失去了意义。因此，作为物流活动中最大的成本支出，运输成本必须维

持在比较稳定的水平。

③成本可控。物流过程存在多种不确定因素，如能源价格、市场供求、政策环境、突发事件等，受其影响，物流成本必然出现起伏，其中运输等基础服务的成本最易产生波动。为保持基本稳定的成本水平，运输服务必须有清晰的成本结构、完备的选择预案和完善的风险防范措施，以确保运输成本透明、可预见和可调节，通过成本控制，保持成本稳定。

（2）现代物流对运输时间的要求

在整个物流过程中，运输活动几乎贯穿始终，从原材料采购、生产加工到干线调拨、市内配送全部都涉及运输活动，运输也是衔接仓储、装卸、流通加工等其他物流环节的纽带，因此对运输时间的掌握与控制是保证物流系统维持稳定、高效运行的关键。现代物流对运输时间的要求主要体现在如下几方面：

①缩短在途时间。随着经济的发展、科技的进步，现代社会的生产生活方式发生了很大变化：一是人类的活动空间不断扩展，各种产业的竞争与合作也扩大到全球范围；二是市场格局瞬息万变，竞争形势日趋激烈；三是产业升级与技术升级使产品获得更高的品质，也被赋予更高的价值；四是需求的个性化与多元化使产品的时效性变得越来越突出。面对当前形势，出于提高产品竞争力和提升生活品质的目的，全社会对压缩物流时间产生了更加迫切的要求，缩短货物在途时间，提高周转效率也因此成为现代物流对运输服务时间的基本要求之一。

②准时交付。为了压缩成本和应对市场行情的快速变化与频繁波动，在越来越激烈的市场竞争中谋求生存和发展，很多企业开始采用准时生产方式，即根据市场变化和客户要求，在需要的时点、按需要的数量生产所需的产品。这种通过高度精确的生产计划控制

及库存管理，追求一种无库存或库存达到最小的生产方式必须以可靠、高效的物流系统为保障，因此现代物流对运输的送达时间提出了精确要求，必须按照约定时间实现准时交付。

③无缝衔接。供应链系统由多个环节构成，这些环节之间的衔接主要通过运输活动来完成，因此运输与不同环节之间以及不同运输方式之间在时间上的无缝衔接能够避免在物流过程中增加不必要的环节，并能有效控制货物的在途时间，使供应链系统维持正常、稳定运行。

④运输时间可控制。一般而言，物流系统中仓储、包装、流通加工等静态节点的操作时间比较容易控制，而运输活动始终处于动态，相对而言时间难以准确掌控。所以现代物流要求运输服务实现全程的跟踪与监管，实时了解货物与运输工具状态，以便加强对运输时间的掌握和控制。

⑤运输时间可调节。在一个供应链系统中，从上游的采购、中游的生产到下游的销售环节存在很多不确定因素，需要及时调整采购、生产、销售计划以应对外部环境的变化、市场行情的波动以及内部条件的改变，因此现代物流要求运输时间具有一定的弹性，能够适应上述变化对货物到发时间调整的需要。

现代物流对运输时间的要求在不同场景下也有所不同。一般来说，在物流全过程中，运输和仓储环节占用时间最多，而且二者具有悖反关系，压缩运输时间往往空间有限，而且也意味着成本的提高，而通过先进的物流管理手段来提高运输时间的精确性、稳定性则有较大空间，在此基础上合理安排仓储和优化其他生产流程，是提高现代物流效率和服务水平的有效手段。

（3）现代物流对运输效率的要求

现代物流是一个复杂系统，由多个子系统构成，系统运行的目标是达到系统总体效益的最大化，尽管这并不一定是每个子系统最优化的结果，但提高每个子系统的效率却是实现系统优化的有效途径，因此现代物流要求运输服务系统不断提高效率，以较小的投入获得较大的产出。运输效率的高低与多种因素相关，既包括宏观的交通规划、运输结构等因素，也包括微观的装备技术、管理手段等因素，其中与运输组织和服务方式关系比较密切的主要包括以下几方面：

①运输规模。运输生产初期投入大，固定成本高，因此具有较为明显的规模效益。规模化的运输服务一方面能够有效提高设施、装备的利用率，提高产出水平，另一方面也便于资源共享和优化运输方案，以获得最大投入产出比。

②运输组织化程度。传统货物运输的运输服务供给、运输过程衔接通常是零散、随机、不确定的，运输组织化程度较低，成为影响运输效率的主要因素之一。现代物流通过整合运输资源，在科学、合理制定运输方案的基础上，对运输过程中相关各方进行高效的指挥与调度，使各种运输方式和不同运输服务供应商密切合作、协调配合，不同运输环节之间、在途与节点作业之间尽可能无缝衔接，使运输效率得到显著提升。

③装备技术水平。运输装备与运输技术是开展运输服务的重要物质基础。当前货运装备呈现大型化、高速化趋势，运输技术与信息技术加速融合，不断创新运输服务模式，这些先进装备与技术的应用能够有效降低运输费用、提高运输速度，节省运输的资金成本与时间成本，从而提高运输效率。不仅如此，运输装备技术水平的提高也使得运输过程对于资源的消耗和环境的污染得到有效控制，可创造出更大的经济、社会、生态系统效益。

（4）现代物流对运输能力的要求

交通运输的一个重要产业特征是生产与消费同时进行，其产品为空间位移，不能以实物形态储存。因此，运输能力是构建物流系统的基本保障，现代物流对运输能力既有规模方面的总体要求，也有结构、层次、品质等方面的具体要求。

①运输能力供给充足。运输基础设施与装备必须达到一定规模，具有足够承载力，以满足经济社会发展产生的运输需求。在经济快速发展、社会处于转型期的国家和地区，交通运输的需求往往增长较快，为了保证经济社会的正常运行，通常要求交通运输业超前发展。然而，一方面在经济尚不十分发达的地区，交通产业基础也相对薄弱，财力对集中、大规模的系统建设也缺乏足够的支撑力；另一方面，超前发展必然意味着一段时期内、一定范围内的资源闲置与浪费。所以在合理控制交通发展速度，实现适度超前发展的同时，更应该注重设施设备的建设和使用效率，通过合理的运输组织挖掘运输系统潜力，为物流系统高效运转提供充足的运力保障。

②运输能力可靠。安全、可靠是现代物流系统运作的基本要求，对于交通运输子系统而言，无论设施网络、装备还是运输服务都应具备抵御干扰、保持稳定的能力，有多种系统运行组织方案，不仅在正常状态下能够提供所需的运输服务，而且在遇到突发事件时仍能保持相对的稳定性，具有较高的容错能力，并能调动相应的预案来实现既定目标。

③运输能力具有一定弹性。很多领域的运输生产活动都具有季节性变化特征，运输需求对供给能力的要求也不是一成不变的。随着经济全球化，产业竞争白热化，市场中的不确定因素不断增加，导致运输需求的随机波动更加频繁，这些都对运输系统提出了更高要求。运输供给能力必须保持一定弹性，以便灵活应对需求的变化，支持相关产业在竞争中抢占先机和保持优势。

（5）现代物流对运输质量的要求

现代物流针对不同客户提供从货物供给地到需求地全程的个性化、高水平的服务，对运输质量的要求是全面的、多样的，并且与生产流通组织化程度紧密相关，相关内容既多又细，几乎涵盖了上述已经涉及的运输成本、运输时间、运输效率、运输能力等方面的具体指标性要求，但却不仅局限于这些内容。除此之外，运输质量要求还包括以下内容：

①运输安全性。运输安全性是保证运输服务质量的重要前提。现代物流从管理流程的设计到信息技术的使用，都体现了对运输环节安全性的要求，它包括设施安全、运输工具安全和货物安全等三方面内容。

a. 交通设施安全。交通设施安全与设计标准、工程质量等密切相关，同时也受使用状况的影响，运输生产作业必须充分考虑设施的承载能力，严格遵照相关操作规程，以确保交通设施的安全。

b. 运输工具安全。运输工具的安全既是技术性指标，又是管理指标，只有选择技术可靠的适应物流服务要求的运输工具，在管理上保证运输工具处于适于开展运输生产作业的状态，才能达到安全的目的。

c. 货物安全。保障货物安全既要防止因货物自身理化性质和外部环境因素造成的货物损失和安全生产事故，也要防范道德风险、违法犯罪等人为因素导致的安全问题。要通过加强监管和有效的技术手段，杜绝运输、装卸、搬运过程中的违规作业和途中意外事故，同时也要防止由于措施不当造成货物变质、损毁、包装破损以及盗抢、转移货物等行为对货物安全造成的威胁。

②服务多元化。大批量、少批次的运输是传统货运的主要形式。随着经济社会的发展，产业结构不断升级并趋向多元化，社会生活方

式也在不断发展进步，导致物流需求的多样化。因此，现代物流要求运输能够提供多种类型的服务方式，以满足个性化的市场需求。

③增值服务。现代物流并不是简单地实现货物在两地之间的位移，而是融合了多种服务功能。现代物流系统中的交通运输子系统除了要提供传统的运输、装卸、配载、中转等基础服务，还要提供代理、货物和运输工具实时查询、运输过程监控、废弃物与包装回收等增值服务，从而在提高客户满意度的同时，拓展利润空间，并与经济社会、生态环境形成和谐发展关系，促进产业的长远发展。

1.5.3 交通运输适应现代物流要求的发展方向

现代物流对交通运输环节提出了诸多要求，其中绝大多数是传统运输模式很难达到的，因此，传统运输必须根据现代物流的特点，转变自身发展模式，以适应现代物流的要求，这也是我们研究现代物流与交通运输关系的最主要目的。

（1）构建完善的综合运输网络

现代物流所依托的交通运输网络应该具有广泛的覆盖性、普遍的通达性和合理的层次性。首先，交通运输基础设施的布局应达到一定规模，能够适应经济发展的需要，能够支持物流的网络化运营组织；其次，各种运输方式的基础设施应统一规划、协调建设、高效运营，使综合运输网络结构合理、分工明确，同时保证建设与运营中的资源集约开发和有效利用；再次，交通运输网络的层次应该完整，干线网络与支线网络、全国网络与地区网络、城市网络与农村网络等共同构成层次分明的综合运输网；最后，要形成四通八达的交通运输网络还必须保证不同运输方式、不同网络层次之间在设施建设与运输组织中的顺畅衔接。

完善的综合运输网络的形成对于产业转移和新的物流中心的兴起具有先导作用。在我国，东部沿海地区在改革开放之后承接了国际上的产业转移，海运为这里活跃的国际贸易和繁忙的国际物流活动提供了重要支持。如今，中西部地区将在承接产业转移与扩大内需的进程中构建新的产业生态，国际贸易与国内流通在这里融合对接，新的物流中心将迅速兴起。国际物流、区域物流和下沉至社区农村的末端配送需要五种运输方式的共同支撑，因此对综合运输网络提出了更高的要求，那些已经或者正在快速形成完善的综合运输网络的地区将有更多的机遇和选择。

（2）打造合理的运输产业结构

现代物流新的产业分工模式要求运输产业具有更加合理的结构。第一，各种运输方式的结构应该合理。这包括两方面的含义：一是由于各种运输方式适用的货物种类不尽相同，不同国家或地区具有不同的产业结构与产品结构，五种运输方式所占的份额应该与其相适应；二是应该发挥各种运输方式各自的技术经济特点，合埋分担运输任务，并实现顺畅衔接，协调配合，共同完成运输全过程。第二，运输服务供给者的类型结构合理。单一方式的运输企业和综合运输企业、大型运输企业与中小型运输企业、传统专业化服务企业与新业态新模式企业应该保持合理的比例结构，市场过于分散和过于集中都不能称其为合理的运输产业结构。各种类型的企业应该加强分工与合作，以适应现代物流产业分工的发展趋势。同时，无论是运输服务资源的拥有者还是整合者都具有各自的竞争优势，在竞争合作中形成较为合理的运输市场结构。

（3）推进交通运输系统标准化

现代物流要求各种运输方式充分发挥其优势，相互之间更加高效地衔接，这对运输系统标准化提出了迫切要求。运输系统标准化包括技术标准化、概念标准化和管理标准化。技术标准化主要是指运输设施、装备的标准化，如线路、车站、港口、码头、机场等固定设施的修建标准，车辆、飞机、船舶等活动装备的制造标准等。概念标准化是指用语、标号等的标准化。管理标准化主要是指方法的标准化，如作业方法、统计方法、考核方法等。管理标准化要求对不同运输方式的相关法规、条例进行统一和协调。标准化问题在交通运输和物流服务中的基础作用日益凸现，是专业化服务与协调合作的运行基础，因此加快交通运输系统标准化是一项重要而紧迫的任务。此外，现代物流的发展越来越依赖于信息技术，信息的互联共享在交通运输全过程中变得愈加重要，而这必须以信息标准化为基础，包括字段定义、数据格式、对外接口、信息技术等都需要建立和推广通用规范与标准。

（4）加快交通科技与理念创新

现代物流通过高效的运营组织来创造价值，随着产业运营模式不断发展变化，新业态、新模式不断涌现，必然要求作为物流核心功能的交通运输寻求创新和突破。交通运输的创新首先是技术层面的革新，如交通设施规划建设中采用先进技术和设备以提高设施建设水平，在运输经营中使用先进的运输装备提高运营效率等。除此之外，还要加快运输理念的推陈出新，包括设施建设、设施运营、运输组织、市场开拓、企业管理、人才培训等各个领域的思想观念和理论实践创新。交通运输科技与理念创新对于满足复杂多变的物流市场需求，更加高效地开展物流运营组织具有重要意义。

需要强调的是，交通科技创新与现代信息技术的发展密切相关，贯穿整个物流过程的运输活动对信息具有高度依赖性。市场需求的收集、整理、分析与发布，运输方案的设计、运输过程的组织与监控、与其他物流功能的衔接等都建立在信息处理与传送的基础之上，特别是互联网、大数据、云计算等技术在现代物流领域已得到广泛应用，因此，推动交通科技创新必须充分利用现代信息技术的成果。

（5）完善交通运输管理体制

现代物流的复合产业特征要求打破地域和行业限制，因此需要建立一个与之相适应的交通运输管理体制。在一个高效、顺畅的管理体制下，统筹各种运输方式的规划、建设、运营、管理，实现交通运输基础设施的合理布局、线路与节点的配套、各种运输方式的高效衔接、跨区域的网络化运营等。依托科学的交通运输管理体制，发挥市场配置资源的决定性作用，更好地发挥政府作用，为现代物流的发展营造创新融合的产业生态和公平有序的市场环境，支撑经济社会的健康可持续发展，满足人民群众对美好生活的需要。

（6）转变交通运输发展方式

过去，交通运输被当作一个生产性部门，以创造利润为价值取向，追求自身利益的最大化。因此，一直以来，资源占用、能源消耗、环境污染、交通事故等都是交通运输发展中难以回避的问题，粗放的发展方式也造成了经济社会综合物流成本居高不下。现代物流思想的产生和发展要求交通运输回归其服务性本质，其服务对象是整个国民经济以及与之相关的自然、经济、社会环境的大系统，现代物流的系统理念要求交通运输必须尽快转变发展方式，在实现自身产业积累与扩张的同时，更加注重与经济社会、生态环境的良性互动，逐步转入生态优先、以人为本的可持续发展轨道。

本章参考文献

[1] 汪鸣，冯浩．我国物流业发展政策研究［M］．北京：中国计划出版社，2002.

[2] 冯耕中．现代物流规划理论与实践［M］．北京：清华大学出版社，2005.

[3] 杨家其，罗萍．现代物流与运输［M］．北京：人民交通出版社，2003.

[4] 高自友，孙会君．现代物流与交通运输系统——模型与方法［M］．北京：人民交通出版社，2005.

[5] 汪鸣．交通运输与物流［J］．物流技术与应用，2000（2）：18-22.

[6] 冯浩．试论交通运输与现代物流的关系［J］．综合运输参考资料，2004（35）.

[7] 汪鸣．现代物流发展对货物运输的要求［J］．铁道货运，2004（3）：9-11.

[8] 汪鸣．现代物流理念下的运输发展理论创新问题［J］．北方交通大学学报，2003，2（2）：1-5.

[9] 褚媛媛，王延伏，张伟宏．正确认识物流与运输的关系推动我国物流业的发展［J］．黑龙江交通科技，2004（3）：88-89.

[10] 冉荣隆．从运输到物流变化中的提升［N］．中国交通报，2003-01-21.

[11] 汪云华．交通运输在现代物流中的地位和作用［J］．辽宁经济，2004（6）.

[12] 汤银英，况漠．现代物流管理对交通运输的影响和要求研究［J］．四川工业学院学报，2003（S1）：70-73.

[13] 章国平，李学荣，张现霞．用现代物流理念改造传统运输企业［J］．工业工程与管理，2004（S1）：23-27.

[14] 张小艳．运输企业向物流企业转化分析［J］．物流技术，2004（2）：42-48.

［15］张金华．传统运输企业如何逐步过渡到现代物流［J］．经济论坛，2004（20）26-30.

［16］汪鸣．我国综合运输发展与物流［J］．集装箱化，2000（7）：7-10，20.

［17］何明珂.21世纪物流趋势猜想［J］．物流技术与应用，2001（1）：22.

［18］陈剑．我国现代物流“五大”发展趋势［J］．商业时代，2004（15）：5-9.

［19］刘士通，顾培亮，吴刚．产品运输性对物流的影响［J］．物流技术，2004（9）：9-15.

［20］张廷亮．基于现代物流条件的运输规划方案研究［D］．武汉大学硕士学位论文，2004.

［21］徐丽娟．传统运输企业向现代物流企业转型中的观念问题探析［J］．物流技术，2007（5）：8-13.

［22］李倩兰．国外物流管理理论发展历程探讨［J］．集团经济研究，2007（5）：314-315.

［23］丘建华，李舜萱．中美物流比较［J］．北京交通管理干部学院学报，2004（2）：25-29.

［24］乔广燕．德国交通运输与物流［J］．江苏交通，2003（11）：99-102.

2 现代物流对运输组织与服务的影响

「内容提要」

现代物流与交通运输关系紧密，二者在基础设施、技术装备、运营组织、管理服务等各个层面相互影响，其中，现代物流对运输组织与服务变革的影响尤为深远，催生了许多交通运输领域的新业态、新模式，成为产业升级的重要推动力量。本章在总结国内外相关研究成果的基础上，分析我国传统货运业起步时的经济体制与市场外部环境、企业内部环境，以及在此环境中运输组织与服务方式形成的主要特点及其存在的问题。之后，基于前面章节对现代物流基本内涵、运输在现代物流中的作用和现代物流在运输环节中的主要特点分析，阐明现代物流在传统运输组织与服务变革升级中发挥的作用，即现代物流推动了运输服务社会化、促进了不同运输方式跨区域组织运行以及引导运输企业向现代物流企业转型，实现了对传统货运组织与服务方式的优化。

2.1 国内外将现代物流应用于运输组织与服务的理论实践

2.1.1 发达国家的理论与实践

发达国家最早运用现代物流理念开展运输组织活动是在军事领域，相关的研究也起源于此。1905年，美军少校琼西·贝克在他的著作《军队和军需品运输》中指出：作战艺术的一个分支——关于军队调度和保障供给的工作已成为物流。这一理论在第二次世界大战中即被美军付诸实践。他们根据军事需要，运用先进的物流管理理念与技术手段，对军火和兵力的运输、补给、调配等进行统一组织和综合协调，为取得战争的胜利提供了物质保障。

第二次世界大战以后，国外理论界对如何借助现代物流管理方法来改善运输组织与服务方式的研究逐渐从军事领域过渡到经济领域，并在市场营销学的基础上，与企业的营销活动紧密联系在一起。20世纪60年代，在美国兴起的分销物流学主要研究物流活动在分销领域的优化问题，其中运输理论与应用技术是该领域重要研究内容之一。1960年，美国的雷神（Raytheon）公司建立起最早的配送中心，结合航空运输系统为客户提供服务，这是在微观领域运用物流管理手段创新运输组织与服务方式的一次重要实践探索。

20世纪70年代，相关研究从企业营销环节进一步扩展到工业部门与商业部门的生产经营领域。1974年，鲍沃索克斯在《物流管理》一书中指出，物流管理是以卖主为起点将原材料、零部件与制成品在各个企业之间有策略地加以流转，最后到用户期间所需要的一切活动的管理过程。这一理论实际上是把物流管理渗透到与企业生产经营活动相关的整个运输过程中去，使这一领域的研究又向前迈进一步。也是在20世纪70年代，理论界开始认识到物流活动中运输、库存等不同功能要素间存在效益悖反，从而产生了物流活动集成化、一体化以及物流支持保障系统等一系列新的思想和观念，并开始从系统的角度考虑运输过程的组织。

随后的20世纪80~90年代，供应链与第三方物流的概念与形态在西方国家相继出现，从而使运输组织与服务方式在全新的物流管理理念下发生了重大变革。美国学者约翰·盖特纳教授提出了“战略供应链联盟”理论，指出在全球化竞争的趋势下，产业间传统的界限已经被打破，跨越产业的新型合作伙伴关系正在建立。美国的大卫·泰勒博士在《供应链致胜供应链竞争决定成败》一书中提出：“今天激烈的商业竞争发生在竞争者各自的供应链之间，胜利取决于找到一种比竞争对手更快更有效地交货给客户的方法。”在这些理论的影响下，运输企业与工商企业之间开始建立起战略合作关系，生产与流通企业的运输业务以外包方式走向社会化，传统运输企业努力拓展业务领域，以运输服务为核心提供高附加值的综合物流服务，等等，发达国家的运输组织能力与服务水平由此得到快速提升。

进入21世纪，电子技术、信息技术、网络技术等高新技术的迅速发展与广泛应用极大丰富了物流管理手段，提升了物流运行效率。特别是互联网这条信息高速公路使远程电子信息交换技术平民化，催生了电子商务业，现代社会由此步入互联网时代。网络经济建立在虚拟交易基础上，但以物流、资金流等实际活动为载体，运输是其中重要环节。这一时期的研究多把交通运输与互联网的发展联系在一起，认为电子商务物流和GPS、EDI、RFID等物流信息技术掀起了运输领域一场新的革命。之后，随着移动互联网的快速普及，手机等移动终端成为现代物流整合运输资源的新平台，产生了“手机加车轮”这种全新的运输经营方式，使运输组织范围大大扩展，对货物的全程监管与控制能力显著提高，也使运输企业的经营效益明显提升。

2.1.2 我国相关领域的研究成果

物流概念传入我国是在20世纪70年代末，国内对于物流的研究也大致起始于这一时期，但这一研究领域受到广泛关注并得到高度参与则是在近20年左右的时间。特别是在我国《“十五”综合交通体系发展规划》中提出了“货运物流化”的综合交通体系发展方针之后，如何依托现代物流的管理理念、技术手段来变革传统运输组织与服务方式，推动我国交通运输系统整体效率和综合效益的提高，在国内学术界引发了广泛而热烈的探讨与研究，形成了很多有价值的研究成果。

王之泰教授在《现代物流学》一书中对运输合理化及现代化问题进行了较为详细和深入的分析，提出了多项运输合理化的有效措施，其中包括发展社会化的运输体系。王之泰教授认为，一家一户的运输小生产，车辆自有，自我服务，不能形成规模，且一家一户运量需求有限，难于自我调剂，因而经常容易出现空驶、运力选择不当、不能满载等浪费现象，且配套的接发货设施、装卸搬运设施也很难有效地运行，所以浪费颇大。实行运输社会化，可以统一安排运输工具，避免对流、倒流、空驶、运力不当等多种不合理运输形式，不但可以追求组织效益，而且可以追求规模效益。该研究分析了传统分散、自给自足的运输生产方式的弊端，指出运输社会化有利于运输合理化，是国内以现代物流管理理念为指导，考虑运输组织方式改进问题较早的比较有代表性的研究成果。

关于这一问题，另一类比较有代表性的研究观点是运用现代物流思想丰富综合运输理论。汪鸣与冯浩主编的《我国物流业发展政策研究》一书从现代物流系统建设角度，对交通运输业发展任务进行了专门论述。研究表明，各种运输方式要适应物流的发展，首先必须确立综合运输的思想，在这一思想的指导下，为全社会物流活动提供优良的运输资源保障是交通运输业的基本任务。汪鸣在《交通运输与物流》一文中还提出："物流以其适应现代社会经济活动发展的管理理论与管理模式，在运输产业与信息产业相互融合的基础上，满足了为生产、流通及消费过程中所产生的日益庞大和日益个性化顾客群体提供全过程专业服务的需求。"他认为，现代物流理念使满足顾客需求成为各种运输方式的共同任务，各种运输方式之间，运输与流通过程中的其他环节（如存储、包装、简单加工等）之间，运输与生产过程之间的联系、衔接与协调，在现代物流思想的影响下，从无序和随机状态转向融合与相互渗透，现代化大生产过程由此建立起有机联系，流通过程也得以实现时间上的压缩和空间上的扩展，从而使供应链维持稳定、可靠和高效运转。

此外，还有很多专家学者对交通运输业向现代物流的转型问题进行了研究。严新平等编著的《交通运输业的现代物流》在现代物流的基本观念与发展趋势、交通运输业发展现代物流的 SWOT 分析基础上，论述了交通运输业向现代物流转型的必然性，认为物流的发展使传统运输业受到冲击，交通运输业应加速同物流思想的融合，自我完善，顺应物流发展的大趋势。徐丽娟在《传统运输企业向现代物流企业转型中的观念问题探析》一文中也表述了自己的观点。她认为在现今的市场环境、技术条件和贸易方式下，物流逐渐从商流中分离，运输企业的角色和作用因此发生转变，开始作为厂商的辅助商在其分销渠道中起重要的支持性作用，传统运输企业必须要从自身的经营模式和管理手段及方法上进行改进，完成传统运输企业向现代物流企业的转型。

2.2 现代物流影响运输组织与服务的理论总结与经验借鉴

2.2.1 相关研究成果的理论总结

虽然西方发达国家对于物流的研究已有百年历史，但相比于经济领域其他研究课题，物流仍是一个崭新的研究对象，而我国对于该领域的研究涉足更晚，只是近40年的事情。尽管研究历程不长，但已经形成了很多有价值的观点和成果，并且由于我国与西方国家研究的侧重点有所不同，也使研究的广度进一步拓展，研究体系更为完整，成果也更为丰富。针对现代物流管理方法对运输组织与服务模式的影响这一问题，现有理论与研究的贡献主要体现在如下几个方面：

第一，运用现代物流理念重构运输组织过程，特别是将商品从生产到消费的全部生产与流通过程作为运输的完整业务范围进行通盘考虑，统筹协调和一体化运作；

第二，根据现代物流领域中存在效益悖反这一理论，建立起运输组织与运输服务的系统观念；

第三，将物流技术与信息技术相结合开展研究与实践，从而推动了运输经营模式和服务方式创新，提升了运输效率，拓展了服务内容，改善了服务水平；

第四，从物流发展需要和交通运输自身发展需要出发，对加快运输服务的社会化进程提出了要求，为第三方物流理论与经营形态的形成与发展提供了支持；

第五，以现代物流理念为指导，突破交通运输产业界限开展相关研究，开创了供应链管理理论；

第六，将物流理论与综合运输理论相结合，拓展了研究视野，丰富了研究方法，也使综合运输理论体系更加丰富；

第七，剖析了交通运输的发展趋势，提出了传统运输业态向现代物流转型的问题，为交通运输业的未来发展提供了思路；

第八，理论研究与实践相结合，特别是国外的研究主要聚焦微观领域，关注企业的实际问题与操作效果，研究成果在应用中得到验证和反馈，为进一步研究提供了方向。

纵观国外物流理论的演变过程，一方面反映了物流概念和理论的研究是一个螺旋上升不断深入的过程，另一方面物流理论一开始就附属于市场营销学科之下，并随之一起传播发展，虽然在后来的研究内容得到拓展，但其研究的角度仍受到局限，特别是从交通运输的视角分析物流问题的系统性研究并不多见。而且，国外的研究多是针对某一特定行业或者特定企业开展，研究成果具有较强实务性和可操作性，但相对缺乏宏观指导性和广泛适用性，可以作为案例为国内开展相关研究提供借鉴和参考。

国内对物流管理方法和运输组织与服务方式都做过大量研究，但将二者相结合，研究前者对后者产生的影响之类的论著也不多见。梳理回顾国内的研究成果，无论是以物流理念推动运输社会化的问题、各种运输方式确立综合运输思想以适应物流发展的问题，还是传统运输向现代物流的转型问题，他们或是对该研究领域某一方面较为透彻的探究，或是在研究其他问题时对这一领域的涉足，而不是有针对性的、全面而系统的研究。

著名的管理学家德鲁克曾经讲过："流通是经济领域里的黑暗大陆。"由于流通领域中物流活动的模糊性尤其突出，是流通领域中人们更认识不清的领域，所以“黑大陆”说法现在转向主要针对物流而言，指这个领域未知的东西还很多，理论和实践皆不成熟。在我国，现代物流的发展仍不完善，传统运输组织与服务方式在发展中已经遭遇瓶颈，经济社会发展在为运输组织与服务方式变革创造条件的同时，也提出了更高要求，尤其是近年来，现代物流的边界不断拓展，并向其他领域快速渗透，引领交通运输在新的平台上重新整合资源，在更大的市场上捕捉新的需求，运输组织与服务模式加快变革，对于这些新问题，有必要在前人研究成果的基础上，继续开展更为全面、深入的研究。

2.2.2　发达国家物流管理与运输组织的经验借鉴

发达国家在物流管理与运输组织方面有很多成功案例，不同国家也有不同的特点，如美国在全国范围内建立起了智能化的多式联运系统，欧洲许多国家物流园区发展迅速且运营情况良好，日本构建了完善的社会物流配送体系等。虽然各国情况不同，但总体而言，将物流理念与物流技术应用到运输组织与服务当中是各国的共同做法，并取得了很好的效果。

（1）美国——智能化的多式联运系统

美国是全球现代物流最为发达的国家之一，物流的低成本、高效率与完善的多式联运系统有着密切的关系。美国运输部一直强调把建立智能化的国家多式联运系统作为其主要任务。自第二次世界大战以来，美国不同方式的集装箱运输一直在增加。集装箱运输对美国的运输体系产生了重大影响，这种影响就是多式联运的快速发展。1991 年美国在《多式联运效率法》（冰茶法案）中明确指出：“发展国家多式联运运输系统是美国的政策。这个运输系统应能够提供可增强美国经济竞争力的基础，并且又能够高效利用能源运输旅客和货物。这个系统是由各种具体交通运输方式统一、交叉之后组成，也包括未来的交通运输方式。”美国用多式联运这种先进的运输组织技术连接相互割裂的铁路、公路、航空和水运运输网络，大大提高了运输效率，降低了物流成本。

与此同时，美国还将智能交通领域的技术领先优势与物流管理相结合，应用于多式联运的组织过程。从20世纪60年代起，美国就开始着手研究智能交通系统（Intelligent Transportation System，ITS），至90年代逐步形成系统化的发展态势，并在交通管理中得到广泛应用，如信号自动化控制、路面控制、交通诱导等技术被普遍采用，公路电子收费系统、GIS电子地图、GPS卫星定位系统等应用也十分普及。美国也将智能交通技术应用于现代物流中的运输组织，确保不同运输方式之间的无缝衔接，并对货物进行全程跟踪和安全控制，使经济高效的多式联运成为美国现代物流发展的重要支撑。

（2）德国——物流园区与运输枢纽的结合

德国的物流绩效水平在全球处于领先地位，高效运作的物流园区是其现代物流快速发展的重要载体。德国的物流园区是由先前的货运中心发展而来的，它是在社会分工进一步细化、降低整个供应链的运行成本、整合利用各种资源、带动区域经济发展的要求下产生的。一方面，生产、销售企业为了降低成本，提高主营业务的竞争力，将原先自主组织、安排实施的运输、装卸、储存、加工、包装等业务从其主业中剥离出来，通过外包方式委托给物流服务商；另一方面，随着德国经济和社会的发展，货运中心渐渐具备对货物的加工、装配、包装、信息处理，以及与货物进出口相关的海关查验、为客户提供生活服务等更宽泛、更全面的功能。在这种物流服务供给和需求互动发展的过程中，德国货运中心逐渐演变为拥有多种物流设施、多种类型的物流企业以及与物流相关的其他公共机构集中布局的场所，可以提供多样化的物流服务，成为今天的物流园区。

物流园区一般有多种运输设施，德国物流园区至少与两种运输线路连接，即公路与铁路，这是其基本的运输方式。在推进联合运输等政策的引导下，德国物流园区内或在其附近普遍建有联运站、换装站等设施。除了最传统的公路运输、铁路运输以及公铁联合运输方式外，有的物流园区还创造了包括内河航运以及航空货运方式在内的多种运输方式并存的运输条件。德国物流园区利用良好的运输条件开展运输组织与服务，为实现货物的便捷、通畅、高效流动提供了可靠保障。

（3）日本——发达的物流配送业

物流配送是日本现代物流与运输组织高度结合的产物。日本的物流配送行业非常发达，对本国的经济发展、商品流通和大众消费起到了重要的促进作用。日本的物流配送设施现代化水平较高，功能完善，在物流配送作业中专业化的铲车、叉车、货物升降机、传送带等机械的应用程度较高，智能仓配管理系统已得到广泛应用，为物流配送的运作搭建了良好平台。日本的物流配送的社会化、组织化、网络化程度也很高，一般生产企业、商业流通企业不自设仓库、车队等物流设施，而是将相关业务交给专业物流配送企业去做，日本的大型物流企业也十分注重网络的发展，在全球拥有比较完善的物流配送网络，在发展和承担业务、满足客户需要、降低物流成本等方面具有较大优势。日本还十分重视商品流通中的增值加工服务，在物流配送过程中提供分拣、加工、包装、拼装等业务服务，使商品更能符合客户和消费者要求。日本的物流配送企业非常注重研究和应用物流配送实用技术和方法，物流管理软件、数码分拣系统等技术手段应用十分广泛，大大提高了工作效率和准确性，降低了物流成本，提高了服务质量。

2.3 我国传统的货运组织与服务方式

同很多国民经济其他产业部门一样，我国的交通运输业起步于计划经济体制，面对封闭的市场环境和“政企合一”、缺乏自主经营权的企业内部环境，传统货运业缺乏高效整合资源的手段，很难依照客观规律和产业发展要求进行科学、合理的货物运输组织，提供完善的运输服务，造成了运输成本高、效率低、服务质量低等诸多问题。

2.3.1 我国传统货运业起步发展环境

（1）经济体制环境

新中国成立初期，我国经济社会百废待兴，工农业基础十分薄弱。当时全国人口接近5亿，是当前总人口的近2/5，但主要工业品年产量却不足当前水平的5%，粮食最高年产量也只有1.5亿吨，是现在产量的1/4。面对如此困难的局面，我国仿照苏联模式确立了计划经济体制，开始了有计划的大规模经济建设。在底子薄、人口多、资源集中度低的条件下，计划经济体制发挥“集中力量办大事”的优势，推进了一大批重点工程的建设，迅速建立起我国的产业基础。1953—1980年，我国陆续完成了5个五年计划，国民经济得到了很大发展，社会主义建设取得了令人瞩目的成就。

在计划经济体制下，我国设立专门机构“计划委员会”来规划和制定经济社会发展各个领域的目标。工厂按照国家指令生产产品，农村按照国家计划种植作物，商业部门按照国家计划进货和销售，所有的品种、数量和价格都由计划部门统一制定。在当时，国有经济在所有制结构中占绝对主导地位，企业所有权和经营权合一，政企不分，企业没有自主权，也缺乏有效的激励机制。在这样的体制环境中，我国货运业的经营方式必然带有明显的计划经济色彩。

①货运业的主要任务是辅助物资分配。计划经济时代的产业与市场的规模、分布受人为因素影响比较大，各种物资的流量、流向也相对较为确定。因此，传统货运在物资分配中的辅助作用更为突出，而对物资流通的保障和促进作用却没有得到充分显现，通过引导各种资源要素的流动来支撑经济发展和引领区域开发的作用更无从谈起，本该由运输产生的增值效应相对而言体现不足。

②货运业定位于流通领域从属产业。计划经济体制下大多数工商企业保持着“大而全”“小而全”的经营模式，很多企业拥有运输工具、运输场站等资产，运输生产活动附属于企业的生产和经营活动，因此传统货运业一直处于流通领域的从属产业地位。

③货运企业依照行政指令进行运输组织调度。当时的社会运输生产部门也是按照国家下达的计划指令完成运输任务，企业没有自主设计运输路线、选择运输工具、安排运输计划、进行运输组织的权利和职能，不同企业、地区、运输方式之间联系不够紧密，只能单独地、按部就班地执行上级主管政府部门的行政命令。

计划经济能够最大限度地避免浪费、降低消耗和提高效率，但却不利于资源的优化配置，束缚了企业活力，制约了经济发展。在计划经济体制下，交通运输引导产业布局和市场形成的作用无从发挥，货物在位移中的价值增值也难以形成，在这种环境下，货物运输组织既缺乏目的，也缺乏手段，很难形成高效的组织和提供适当的服务。

(2) 市场环境

在改革开放初期和之前的一段时间，严格的计划经济体制和封闭的市场环境使我国交通运输业同其他国民经济生产部门一样缺乏活力，在各种市场信号被掩盖和扭曲的环境中，发展受到严重束缚。在这一时期，传统货运业面临的市场环境具有以下特点。

①供需双方非直接交易。作为运输服务供需双方的运输企业和工商企业没有直接交易的平台，供给方和需求方分别通过执行任务和提交申请来提供和获取运输服务，双方之间没有沟通和信息共享的渠道，也没有相互监督约束的手段。尽管按照行政指令进行运输生产的直接成本较低，生产效率较高，但管理、协调、时间等综合成本较高，服务质量也得不到保证。

②价格信号失真。在计划经济体制下，运输服务的定价权高度集中于各行业主管部门，运输企业没有自主定价权，市场上没有反映供求关系的正确价格信号，也没有衡量服务质量的标准尺度，造成交通资源配置的低效率和运输服务质量的低水平。

③卖方市场。在商品短期的计划经济时代，运输资源同样稀缺，运输服务供不应求造成了卖方市场，一方面运输企业疲于应接上级下达的各种指令，任务饱满，另一方面工商企业对运输服务也没有太多选择，运输产业很难获得成长动力。

④市场不确定性小。生产和流通企业在国家的指令性计划下完成生产、销售任务，由此产生的货物运输需求必然是稳定而可预见的，运输部门也只需按照既定计划执行运输生产任务，不必应对市场行情波动等不确定因素。

⑤运输市场结构单调。一方面，由于产品差异性小，工商企业的生产、经营模式也基本趋同，对运输服务的需求较为单一；另一

方面，运输企业经营业态和业务范围同一化，提供的服务同质化，缺少增值服务。由此形成结构单调的运输市场形态，没有丰富的细分市场，也没有差异化的服务类别。

⑥市场封闭。运输市场化程度低，货运市场没有对民营资本敞开大门，更不允许外资进驻，在封闭的市场环境中，国内货运业没有竞争压力，也难以获得资金、技术和先进管理理念的支持，只能依靠国家的投入与扶持，自我成长和发展的能力较弱。

（3）企业内部环境

改革开放以前，我国所有制结构单一，民营经济受到严重阻碍，市场开放程度极低，传统货运业和其他产业一样，经营主体多为国有企业，是“政企合一”的组织，在政府给予的垄断和扶持保护下生存。在经营主体产权不清、责权不明的情况下，传统货运业的企业内部环境也存在诸多问题。

①缺乏自主经营权。企业在治理结构上作为行政管理机构的附属物，高度集权化管理，不能自主从事生产经营活动，而且还承担了许多国家政策性任务与社会责任，缺乏“自生能力”。

②竞争意识不足。运输市场缺乏竞争和价格刺激，运输企业也没有完全承担起自负盈亏的责任，致使企业降低成本和改善服务的动力不足，手段缺乏，同时也使整个产业失去了发展活力。

③发展资金匮乏。企业融资渠道单一，扩大再生产的投入不足，资本结构也不尽合理，资金运用缺乏效率，制约了企业和产业的长远发展。

2.3.2 传统货物运输组织与服务方式的主要特点

产业的发展环境和交通运输业自身所具有的一些特点，使我国传统货运业形成了特定的运输组织与服务方式。

（1）工商企业自给自足的货运经营模式

物流活动起初是作为流通的附属机能被人们所认识和了解，国外的物流理论一开始就被置于市场营销学科之下，并将物流活动纳入市场经营行为的范畴之中进行研究和探讨。运输作为一项重要的物流功能，国内理论界与产业界对它的定位也是起步于生产流通的辅助活动，货运组织与服务的实践活动也开始于企业自给自足的经营模式。

在以往的计划经济体制下和封闭市场环境中，我国的生产企业和流通企业形成了“大而全”“小而全”的经营模式，大多数企业自己拥有运输设施与装备，运输部门被当作企业的一个从属机构或者运输组织与管理职能被分散于其他部门之中。改革开放后，一些企业为降低生产经营成本、提高企业效益开始寻求包括运输业务在内的物流业务外包。然而，一方面计划经济体制遗留的历史包袱难以抛舍，且多数工商企业当时对第三方物流的认识尚且不足，另一方面我国第三方物流企业发育尚不成熟，传统储运企业的经营形态和服务方式还未完成向现代物流的转型，难以提供客户所需的专业化第三方物流服务，使得我国企业运输及其他物流业务外包进程总体相对缓慢。

我国加入世界贸易组织（WTO）以后，生产、流通、物流等各个领域均逐步向外资开放，外资企业不仅带来了资本，也带来了现代经营理念与管理模式。外资的制造与流通企业大多由跨国物流集团提供专业化的物流服务，双方开展全面而深入的战略合作，获得共同利益与共同成长。国内企业也在市场竞争中学习和借鉴外资企业的发展模式，推动了物流社会化进程，但差距仍然十分明显。据全国重点企业的物流情况统计调查，2005 年制造业重点企业中，内资企业平均使用仓储面积 14.1 万平方米，平均自有仓储面积 8.2 万平方米，租用仓储面积 5.9 万平方米，分别是外资企业的 4.9 倍、3.4 倍和 12.3 倍；内资企业货运车辆平均拥有量为 66 辆，装卸设备 38 台，分别是同期外资企业的 3.7 倍和 1.5 倍。

自给自足的货运经营模式使关于运输的指示命令不能直接传达到分公司、生产车间或销售店面，即使能够传达也不能较好地得到贯彻执行，运输部门的指示常常受到主观或客观因素的阻挡或干扰。传统的运输服务模式下，运输组织活动没有获得与生产、销售活动平等的地位，而是被视为企业内部一项次要的经济活动，运输及其他物流功能的重要性得不到应有的重视，它们所蕴含的经济效益与社会效益也没有被充分认识。

（2）各种运输方式独立组织运营

现代交通运输业基本上是伴随着全球的工业化进程而不断向前发展的。一方面，不同的工业化阶段产生了不同的运输需求，对运输服务方式、服务内容与服务水平提出了新的要求，另一方面，理念的创新、科技水平的提升也为交通运输业的发展提供了支持，两方面共同推动了不同运输方式和不同运营组织模式的出现和发展。由于各种运输方式是随着时间的推移相继出现，并各自经历了很长一段时间的单方式主导发展阶段，因此，各种运输方式自成系统、独立运营是传统货运的典型组织模式。

长期以来，我国的交通运输业也是按照不同运输方式建立了各行业分管的管理体系，并形成了与之相对应的交通基础设施建设、运营与客货运输组织模式。交通运输业高度依赖网络化，运输过程的实现需要基于硬件系统的设施网络和软件系统的服务网络，而行业分割的管理体制和分运输方式的运营组织模式无法保证交通设施的统一规划和运输过程的协调配合，造成了交通网络的衔接不畅，运输成本高、效率低、可靠性差，从而制约了交通运输业的发展。

2008 年年初，十一届全国人大一次会议通过了《国务院机构改革方案》，宣布组建“大交通部”，将原交通部、中国民用航空总局以及建设部指导城市客运的职责划入交通运输部。2013 年根据国务院机构改革和职能转变方案，铁路实行政企分离，撤销铁道部，组建国家铁路局，隶属于交通运输部，承担铁路发展规划和政策的行政职责，同时成立中国铁路总公司，承担原铁道部的企业职能。2017 年，中国铁路总公司所属 18 个铁路局（公司）全部完成公司制改革工商登记，并正式挂牌。尽管交通运输从国家管理体制层面完成“大部制”改革，但中央与地方的改革进程不一，相关管理机制也未完全理顺，各种运输方式的协同统一管理仍受到很多制约。但也应该看到，交通运输部的成立以及今后行政管理体制改革进程的不断推进将从制度层面解决问题，构建符合现代物流发展要求的综合交通运输体系，为改进传统的各种运输方式相互独立的运营组织模式创造有利机遇和良好环境。

（3）运输市场按行政区域分割

交通运输服务于国民经济与社会发展，运输需求也是人类从事生产活动和参与社会生活而产生的引致需求，因此，交通运输的运营组织方式受经济社会发展阶段与生产力发展水平的深刻影响。在一家一户的小农经济时代，物资流动与人员活动空间狭小，运输距离较短，只需要在有限地域范围内进行运输组织的相关活动，因此，在不同地区内部形成了各自的运输网络和供求关系，运输市场被地域自然分割。

随着生产力水平的提高，不同地区生产要素的比较优势逐步显现，客观上要求要素的自由流动和建立社会化的大生产体系。在这种新的生产体系之中，人和物的运动空间明显扩展，流动频率显著提高，使得跨区域、长距离的客货运输需求迅速上升，运输生产活动也随即突破了地域限制延伸到更大范围。然而，一方面由于各行政区域间的交通、投资、财税等管理体制分割，地方利益难以协调，另一方面也受制于管理水平和技术手段，传统的以不同区域为单位独立进行运输组织的方式并没有随着社会生产方式的发展而立即做出改进，跨区域的统一运输市场建设进程缓慢，地区间的货运信息得不到充分共享，从而造成了空驶、迂回运输、资源错配等不合理运输活动。

（4）以运力为中心开展运输组织与经营活动

在过去很长一段时期内，我国交通运输业市场化程度低，交通基础设施和运输装备投入明显不足，造成供需失衡，形成了典型的卖方市场。在卖方市场环境下，运输企业把精力全部投入到增加运力供给和扩大生产规模之中，忽视了市场营销与客户服务，而且由于感受不到市场竞争的压力，企业也缺乏降低成本、提高效率、改善服务的动力。因此，在传统货运业中，各种运输组织与经营活动一直以运力为中心开展，而不是以货物为中心。

以运力为中心的运输组织方式具有一定的盲目性，运输企业不能主动掌握货源，不了解市场分布规律，不清楚客户的服务需求，只能以自己实际控制的运力为依据开展运输生产活动，并竭尽全力将运力利用到极致，而这通常会产生较高的边际成本和较低的边际效益。以铁路运输为例，来自四面八方的货物在编组站被分拆，按照去向重新编组，由于运力紧张，铁路部门总是力求每列车逼近极限负载，最终达到总运量最大。为此，货物常常要在编组站滞留很久，货主则付出了很高的时间代价。因此，对于运输服务需求方而言，以运力为中心的运输组织过程通常是不透明和不可控的。而以市场需求为中心的运输组织模式，由于有可靠的运力保障，能够更加关注货物运输过程的经济性和效率化，运输企业以接受货物为始点，合理安排全程各个环节，以满足客户对运输时间、质量等方面的要求。

（5）运输与其他物流环节分业经营

交通运输需求是由经济社会其他活动派生而来的，因此运输组织活动本应是实现人和货物空间位移的一种手段，而不是最终目的。运输组织应按照系统效益最大化原则，基于供应链的概念建立起对企业供产销全过程的计划和控制，从整体上完成最优化的生产流通体系设计和运营。

然而，传统运输一般与仓储、加工、包装等行业分业经营，运输环节与生产、流通中的其他环节之间缺乏共同的战略目标，各有各的利益诉求，所以传统货运业在运输组织运营中通常以自身效益最大化为基本原则，与供应链上的其他环节和部门之间缺乏沟通，更缺乏战略合作，造成服务功能的不匹配，运输组织很难对产品的生产与流通发挥有效的支持保障作用。此外，在传统货运业中，运输部门被视为生产部门，在产品的生产与流通环节之外独立地开展运输组织和经营活动，运输企业也没有把工商企业顺利进行产品生产与商品销售作为运输组织的目的，而企业内部的运输部门作为独立的业务部门，也只是被动地执行来自生产车间、销售店面的运输指令，反应迟钝、应变力差、效率低下，造成运输与生产流通环节衔接不畅，隔阂较多。

2.3.3 传统货运组织与服务方式中存在的主要问题

（1）运输成本高、效率与服务水平低

传统的货运组织方式专业化水平低、集约化程度低，必然造成运输成本居高不下，运输效率难以提升，运输服务质量也得不到保障。

首先，传统的货物运输组织依托于单一方式，而不是基于物流资源整合的统一平台，各种运输方式不能充分发挥各自的技术经济优势和特点，不同运输方式之间也很难形成有效转换衔接，每一次转换都有不合理的成本增加和效率损失。

其次，工商企业以自有运力为基础开展运输业务，难以形成规模化经营，且一家一户运量需求有限，难于自我调剂，并由此造成空驶、运力选择不当、不能满载等浪费现象，导致运营成本高、设施设备利用率低，并且自给自足的服务方式也很难达到专业化的服务水平。

再次，分割的运输市场使运输资源要素难以高效自由流动，货源与信息也无法充分共享，不利于进行科学、合理的运输组织和实现最优化的资源配置，从而缺乏降低成本、提高效率和改善服务的有效手段。

此外，以运力为中心的运输组织模式以及运输与供应链其他环节的脱节也极大地降低了运输服务水平。

据统计，20 世纪 90 年代初期，我国的社会物流总费用占 GDP 的比例高达 23% 以上，是欧美等发达国家的 2 倍多，其中运输成本占到 55% 以上；我国运输组织缺乏效率，车辆的综合利用率通常不到 60%，货物在途时间普遍较长，使得企业安全库存过高，产品周转周期一般为 35 ~ 45 天，而很多发达国家的库存周期均不超过 10 天；另外，由于运输过程管理不到位，运输质量无法控制，每年运输中产生的货物损失高达 500 亿元。

（2）生产到消费环节难以建立顺畅联系

传统货运业把运输环节独立于生产、消费环节之外，与供应链的其他环节之间存在明显的分业界限。在这种经营模式下，运输与生产、流通过程的衔接经常处于无序和随机状态，没有系统的安排，没有统一的目标，没有对产品供、产、销全过程的计划与控制，其结果必然是使现代化大生产的有机联系被割裂开来，供应链上的各个产业之间缺少了联系的纽带，无法实现沟通与互动，产品在流通过程中缺乏时间的可控性和空间的拓展性，难以形成从生产到消费的顺畅联系和高效流动。

（3）传统货运业缺乏活力和市场竞争力

随着我国经济社会的发展和改革开放的不断深入，货物运输的需求层次不断提高，货运市场的竞争主体日趋多元化，传统货运业在参与全球化竞争的过程中，逐渐显现出发展动力不足，市场竞争力较弱。

第一，传统货运业企业经营结构、运力结构不合理，经营主体多、小、散、弱，且大多处于单兵作战的状态，货运经营组织化、集约化程度较低，企业之间缺乏战略合作。

第二，大多数传统货运企业提供的是无差别的简单运输服务，在基础业务层面展开低水平竞争，市场空间狭窄，竞争手段单一，多为压价竞争，一方面扰乱了市场秩序，另一方面压缩了行业的利润空间，经营者投资回报率过低，维持生存与发展都十分艰难，更不用说扩大再生产和谋求创新发展了。

第三，传统货运业服务水平低，服务功能单一，缺少增值服务。由于服务意识淡薄，缺乏现代物流管理理念，传统货运企业无法认识到供应链管理体系的建立对企业乃至对全社会降低流通成本和交易费用、增加利润、提高企业竞争能力的重要作用，不能有针对性地开展增值服务，在工商企业纷纷寻求物流业务外包的进程中，传统货运业简单的运输服务显然已无法满足多元化的物流需求。

加入 WTO 以来，外资大举进入中国，跨国公司的高端物流需求加速了我国第三方物流市场的形成，给我国传统货运业提出了巨大挑战，与此同时，国际物流巨头抢滩中国市场也给我国传统货运业制造了巨大竞争压力。面对这一形势，我国的运输企业开始积极学习国外企业先进的物流管理方法和宝贵的物流运作经验，逐步对传统货物运输组织与服务方式进行改革与创新。

2.4 现代物流对传统货运组织与服务方式的变革

交通运输是现代物流发展的基础，但传统的货运组织与服务方式难以适应现代物流的发展要求。随着现代物流深度融入现代制造业、流通业的产业链条，并开始发挥重要的衔接组织作用，必然带动传统货物运输的组织方式、服务模式发生深刻变革，推动其加快转型升级。

2.4.1 运输服务社会化

传统自给自足的运输服务方式显然已不符合现代物流在运输环节的运作特点，不能适应现代物流对运输服务的要求。近年来，随着我国现代物流的发展，第三方物流市场逐渐发展壮大，服务供给能力不断增强，服务水平显著提升，为工商企业将运输和其他物流业务外包创造了条件，推动了运输服务的社会化进程。运输服务的社会化进程是一个逐步推进的过程，在这一进程中经历了多个发展阶段，也出现了多种服务形式。

（1）服务购买

在运输服务社会化的初期，工商企业多采用购买服务的形式，使用社会资源开展运输业务，如包车、租船用于货物运输。这种服务形式具有较大的随机性和不稳定性，工商企业与社会运输企业之间没有建立长期合作关系，多为一事一议，交易成本较高，服务质量也得不到可靠保证。

（2）服务承包

由于购买服务在经营成本、服务质量等方面存在很大不确定性，工商企业在运输业务外包中开始寻求一种相对稳定的合作方式，从而产生了运输业务承包模式。工商企业把全部或部分运输、装卸等业务以订立承包合同的方式交由社会上的运输企业运营，合同不是约定某一次服务，而是约定合同期限内定期或者不定期的多次服务，合同价格也是双方针对多次服务商定的总的服务费用。运输服务承包方式减少了交易次数，并以合同形式使双方建立起相对稳固的长期合作关系，运输服务的安全可靠性在一定程度上有所保证。然而在这种服务形式下，工商企业与运输企业只是供求双方的关系，二者没有共同的利益目标，甚至在服务价格与服务质量方面，双方的利益存在此消彼长，所以服务承包的运输社会化方式并不完全符合现代物流的发展要求。

（3）第三方物流服务供应商

工商企业与专业的第三方物流企业基于供应链建立战略联盟，成为战略合作伙伴，以此为基础获取包括运输服务在内的全面、系统的物流服务。工商企业可以将全部物流业务打包后外包，也可以选取订单式的服务，服务形式多样，便于灵活选择。由于现代物流追求的是多目标最优化解决方案，能够使服务的使用者实现系统效益的最大化，而且第三方物流服务供应商常常深度介入工商企业的生产组织过程，使物流与制造、流通等环节紧密衔接，提高全链条的整体效率，因此，工商企业即使为此支付更高的物流服务费用，相比于传统服务方式，其综合收益还是有所增加。对于物流企业而言，客户物流成本降低、效率提高有利于企业发展壮大，进而产生更大规模、更高层次的物流需求，物流企业可以从中拓展业务，获得更多的发展机会。因此，第三方物流服务供应商的运输社会化模式使供需双方达成共同的利益诉求，是一种稳固、高效的运输服务方式。

2.4.2 各种运输方式跨地区分工协作

按照现代物流的运作特点和发展要求，货物运输组织与服务必须打破行业与地域界限，开展分工协作，发展多式联运和推进区域运输组织一体化。

(1) 多式联运

多式联运是采用两种或两种以上不同运输方式进行联运的运输组织形式。由于各种运输方式具有不同的技术经济特征，因此必然拥有各自的优势领域，也都存在难以克服的缺陷。一般来说，水路运输具有运量大、成本低的优点，但速度慢，且使用范围受限制；公路运输则机动灵活，能够实现货物门到门运输，但运输能力小，长途运输成本高；铁路运输的主要优点是不受气候影响，可深入内陆和横贯内陆，实现货物长距离的准时运输，成本低、能耗小，但灵活性、机动性较差；而航空运输的主要优点是可实现货物的快速运输，但运输成本高，可运输的货物种类和数量有限。多式联运的运输组织形式正是综合利用了各种运输方式的优点，弥补了其缺点，使各种运输方式能够优势互补，充分体现了社会化大生产大交通的优点。并且，多式联运虽涉及两种以上不同的运输方式，但托运人只和多式联运经营人订立一份合同，只从多式联运经营人处取得一种多式联运单证，只向多式联运经营人按一种费率交纳运费，从而避免了单一运输方式多程运输手续多、易出错的缺点，为货主确定运输成本和货物在途时间提供了方便。多式联运这种运输组织方式并没有新的通道和设施，而是借助新的技术装备，利用现代化的组织手段，将各种单一运输方式有机地结合起来，打破了各种运输方式的行业界限与区域限制，是现代物流管理理念与技术方法在运输业中成功运用的结果。

（2）区域运输组织一体化

区域经济一体化是未来经济发展的重要趋势之一，随着经济一体化程度的不断加深，区域内部跨行政区划的物流需求快速增长，对区域交通一体化提出了迫切要求。区域交通一体化不仅包括基础设施、交通管理、运输市场等领域的一体化问题，也包括运输组织一体化问题。在交通基础设施统一规划和顺畅衔接、区域交通管理协调机制确立并不断完善、运输市场行政区划壁垒逐步消除的基础上，现代物流管理方法的出现和逐渐成熟引发了区域运输组织方式的变革，有力推动了区域交通一体化进程。现代物流将运输技术与管理技术、信息技术紧密结合，突破地域限制来构建涵盖多种运输方式的货运经营网络，通过信息的快速收集、处理与传递，适时掌握区域内的货源分布和交通设施装备状态，据此进行运输工具与货物的配置、运输线路的规划、运输区段的衔接以及运输过程的适时调控，实现区域货物运输组织的一体化。

2.4.3 传统运输企业向现代物流企业转型

受现代物流管理理念的影响，传统运输企业纷纷向现代物流企业转型，但真正意义上的转型并不是单纯的更名或简单的业务拓展，而是从观念到经营方式乃至企业市场关系上的彻底转变。

（1）运输企业理念的转变

在传统观念中，衡量交通运输业对国民经济的贡献主要考察直接贡献，即产值规模，所以传统运输企业多是以简单的利润最大化为经营目标，并且以这一目标为导向，开展经营活动。而在现代物流理念中，对交通运输业贡献的度量却是多层次、多角度的，需要从系统论的观点分析交通运输在实现自身发展的同时，在降低经济社会运行总成本（包括资金成本、时间成本、资源成本、环境成本等）方面发挥的作用，即实现经济社会系统效益最大化。因此，传统运输企业向现代物流企业转型首先必须转变理念，不应把企业效益目标简单定位于某一项经营业务中的利润增长，而应树立长远发展目标，通过为客户构建完善的物流系统，为其生产、经营提供支持和保障，帮助客户确立竞争优势，使其快速发展壮大，从而诱发更大规模、更高层次的物流需求，借此实现自身的市场拓展和业务升级，实现企业成长。

（2）运输企业经营方式的转变

尽管现代物流具备多种功能，除运输之外，还包括仓储、装卸、搬运、包装、流通加工、配送、信息服务等，但现代物流企业的经营项目却并非必须将上述功能全部涵盖，传统运输企业向现代物流企业的转型也不是简单的业务范围拓展，而是以服务的延伸与升级为基本特征。现代物流作用的发挥在于建立生产领域与消费领域之间的有机联系，使其成为环环相扣的完整供应链。在建立这种联系的过程中，包括运输在内的有关物流环节必须完全融入生产与流通环节，即物流活动穿插于工商企业的生产经营活动之中。因此，运输企业转型为现代物流企业必须改变原有的经营方式，不再是外部的、被动的服务供给方式，而是贴身的、主动的服务，把服务延伸到客户的生产或销售系统之中，并以运输业务为核心，提供相关增值服务，以实现各环节的顺畅衔接，提高服务质量。

（3）运输企业市场关系的转变

运输企业需要转变的市场关系主要包括两个方面，一是与其他运输（物流）企业之间的关系，二是与客户企业之间的关系。

①与其他运输（物流）企业之间关系的转变。无论基于一般产业的市场竞争理论，还是基于交通运输业的传统认识，运输企业之间都应视为同业竞争关系，若市场容量有限，二者的利益通常表现为此消彼长。但物流产业具有特殊性，其服务供给能力一旦形成便不可储存，因此资源共享是增加系统总体效益的有效途径。传统运输企业向现代物流企业转变必须重新建立与业内其他企业的关系，这种关系应该是多元化的，有竞争也有合作。物流企业间的合作一方面提高了企业自有资源的使用效率，另一方面也使可用资源数量从企业拥有范围内的扩展为企业控制范围内的，从而提高运输组织的合理性与灵活性。

②与客户企业之间关系的转变。传统运输企业转变为现代物流企业后，带来经营方式的转变，运输企业以供应链管理的方式将服务延伸到客户企业的内部，甚至接触到客户的核心业务与核心技术。因此，转型后的运输企业与客户企业之间不可能依靠传统的运输服务供需双方的身份来维系关系，而必须基于供应链建立长期的、以相互信任为基础、以共同利益为约束的战略合作伙伴关系，而这种关系是运输企业进行运输组织和提供更高层次物流服务的基础与保障。

本章参考文献

[1] 王之泰．现代物流学［M］．北京：中国物资出版社，2006.

[2] 汪鸣，冯浩．我国物流业发展政策研究［M］．北京：中国计划出版社，2002.

[3] 杨家其，罗萍．现代物流与运输［M］．北京：人民交通出版社，2003.

[4] 汪鸣. 交通运输与物流 [J]. 物流技术与应用，2000 (2): 18-22.
[5] 冯浩. 试论交通运输与现代物流的关系 [J]. 综合运输参考资料，2004 (35).
[6] 汪鸣. 现代物流发展对货物运输的要求 [J]. 铁道货运，2004 (3): 9-11.
[7] 汪鸣. 现代物流理念下的运输发展理论创新问题 [J]. 北方交通大学学报，2003，2 (2): 1-5.
[8] 汪鸣. 我国综合运输发展与物流 [J]. 集装箱化，2000 (7): 7-10，20.
[9] 褚媛媛，王延伏，张伟宏. 正确认识物流与运输的关系推动我国物流业的发展 [J]. 黑龙江交通科技，2004 (3): 88-89.
[10] 冉荣隆. 从运输到物流变化中的提升 [N]. 中国交通报，2003-01-21.
[11] 张小艳. 运输企业向物流企业转化分析 [J]. 物流技术，2004 (2): 42-48.
[12] 詹姆斯·C. 约翰逊，唐纳德·F. 伍德，丹尼尔·L. 沃德洛，等. 现代物流学 [M]. 北京：社会科学文献出版社，2003.
[13] 严新平，徐佑林. 交通运输业的现代物流 [M]. 北京：经济管理出版社，2005.
[14] 杨浩. 运输组织学 [M]. 北京：中国铁道出版社，2004.

3 现代物流产业组织下的货运服务系统建设

「内容提要」

构建现代综合交通运输体系是我国交通运输发展的基本方向，货运服务系统是综合交通运输体系的重要组成部分。按照现代物流对运输产业组织的要求，加快货运服务系统建设是构建现代综合交通运输体系的重要任务之一。本章把货运服务系统建设这一微观层次的问题与运输服务业产业组织这一中观层次的问题相联系，以产业为着眼点，回顾了关于服务、服务业与服务经济、生产性服务业等理论研究的历史脉络与研究成果，以系统为着眼点，梳理了系统科学、服务系统等领域的研究成果，为分析运输服务产业和剖析运输服务系统提供了理论依据和方法论。在此基础上，按照产业组织市场结构、市场行为、市场绩效的研究框架，对运输服务业的产业组织基本架构和运行特征进行了分析。然后，从公路零担货运、国际集装箱多式联运和快递运输三种典型货物运输组织流程入手，分析了货运服务系统的构成要素和运作方式，构建了货运服务系统的总体框架。之后，研究了货运服务系统对货运服务业产业组织的影响，得出货运服务系统的构建，将形成新的产业组织状态，而货运服务系统的优化将不断提升产业组织绩效水平的结论。最后，在上述研究的基础上，提出了货运服务系统的建设思路，并为下一章从产业组织变革角度优化货运服务系统的研究奠定了基础、规划了方向。

3.1 关于运输服务的相关研究

由于我国现代交通运输业发展起步较晚，基础薄弱，为尽快弥补差距，支撑大规模经济建设和社会快速发展，长期以来，交通运输领域重设施建设、轻运输服务，交通固定资产投资逐年增加，网络规模不断扩大，但相比之下，运输服务系统建设明显滞后，不仅在一定程度上限制了设施能力的充分发挥，也难以适应经济社会对交通运输不断提升的服务需求。随着交通基础设施存量规模逐渐累积，交通建设可用的土地、线位、岸线等资源日益紧张，交通运输大规模集中建设的高潮已经接近尾声，与此同时，经济发展与社会进步对运输需求不断升级，也使得交通运输业发展的重点开始由高速建设转向提升服务。在此背景下，越来越多的专家学者给予运输服务更多的关注，近年来，这方面的研究成果也层出不穷。

3.1.1 服务的属性

关于服务领域的研究可以追溯至17世纪。300多年来，多位著名的西方经济学家就这一问题阐述了自己的观点，大致分为两种：一种将服务视为创造价值的经济活动，一种则否认其生产性与价值性。两种观点都曾对经济学研究产生过重要影响。时至今日，服务是一种生产性活动，具有使用价值，能够产生效用，可以进行交换的观点已经被广泛接受和认可。

17世纪中后期，英国古典经济学家威廉·配第（William Petty）认为，在商品交换的初期，服务依附于产品的生产和交换活动，随着社会生产力的发展，服务才成为一种专门职能，并作为独立的经济部门而存在，由此开始将“服务”作为一个独立的范畴进行研究。

亚当·斯密（Adam Smith）则认为，工业和商业才是生产性产业，制造业工人的劳动能够通过生产的产品实现其价值，而服务劳动则不创造价值，是非生产性活动，更不能用于交换。这种思想对西方经济学界产生了深远影响，在相当长的一段时期内，人们都没有把服务作为纯经济范畴来分析。

法国经济学家让·巴蒂斯特·萨伊（Jean-Baptiste Say）认为，服务是一种生产和消费同时发生的无形产品，它也是人类劳动的果实，这是西方经济学界对“服务”最早的详细论证和界定。

另一位法国经济学家费雷德里克·巴师夏（Frédéric Bastiat）将所有使用价值都归入了“服务”范畴，他认为社会就是交换，交换是相互提供服务，服务提供者所做的努力的紧张程度和服务接受者所节省的努力的紧张程度就是价值，它由两种互相交换的服务决定。这一观点完全抹杀了商品和服务的区别而显得过于极端。

卡尔·马克思（Karl Marx）没有直接给服务下定义，但他给出了服务的含义：“服务这个名词，一般地说，不过是指这种劳动所提供的特殊使用价值，就像其他一切商品也提供自己的特殊使用价值一样，但是这种劳动的特殊使用价值在这里取得了‘服务’这个特殊名称，是因为劳动不是作为活动，而是作为提供服务的。”“收入（指提供服务的劳动收入，作者注）或者同完全由资本来生产和出卖的商品交换，或者同这样一种劳动交换，购买它和购买那些商品一样，是为了消费”。“对于提供这些服务的生产者来说，服务就是商品。服务有一定的使用价值和交换价值”。可见，马克思充分肯定了服务具有使用价值，是社会财富，可以投入市场进行交换；

同时指出服务同其他商品的差别只是形式上的，商品具有实物的形式，而服务则体现为各种活动形式。更进一步，马克思对服务按性质进行了分类，指出“收入的一部分同充当使用价值的商品交换，一部分同作为使用价值来消费的服务本身交换”。“任何时候，在消费品中，除了以商品形式存在的消费品以外，还存在一定量的以服务形式存在的消费品”。也就是说，马克思认为服务劳动如同其他劳动一样，可能是生产性劳动，也可能是非生产性劳动。按照资本主义的观点，与资本相交换的劳动，为资本提供利润，属于生产性劳动；与个人收入相交换，目的在于为消费者提供现实使用价值的服务劳动则属于非生产性劳动。

3.1.2 服务的定义和内涵

进入20世纪以来，经济学家更多地开始讨论服务的定义及其内涵，一种具有广泛影响力的观点出自希尔（Hill）1977年发表的论著。他从服务生产入手解释什么是服务，提出“一项服务生产活动是这样一种活动，即生产者的活动会改善其他一些经济单位的状况。这种改善可以采取消费单位所拥有的一种商品或一些商品的物质变化形式，另一方面，改善也可以关系某个人或一批人的肉体或精神状态。随便哪种情形，服务生产的显著特点是，生产者不是对其商品或本人增加价值，而是对其他某一经济单位的商品或个人增加价值。”该定义抓住服务的本质，强调服务生产和服务产品的区别，指出服务产出是相应的个体或商品状态的变化，不应与服务的生产过程相混淆，但该定义过于抽象，难以用于进行具体的经济分析。

此外，其他学者也从不同角度阐释了服务的含义和特点。如维克多·富克思认为，“服务就在生产的一刹那间消失，它是消费者在场参与的情况下提供的，它是不能运输、积累和储存的，它缺少实质性。”菲利普·科特勒认为，“服务是一方能够向他方提供在本质上是无形的，不带来任何所有权的某种活动或利益，其生产也许受到物的产品的约束，或不受约束。”菲茨西蒙斯认为，“服务是一种易逝性的无形体验过程，消费者在这一过程中充当共同生产者的角色。”我国学者李江帆（1990）提出了“服务产品”的概念，即服务劳动所生产的非实物产品，以区分劳动意义上的“服务”与产品意义上的“服务”，并论证了服务产品理论，认为只要服务是为交换而生产的，它作为用于交换的劳动产品，就具有使用价值和价值。黄维兵（2002）认为，“服务是一个经济主体使另一个经济主体增加价值，并主要以活动形式表现的使用价值。”

上述研究虽然没有得出关于服务含义的一致观点，但使人们对服务的认识不断深化，概念也日渐清晰。从总体趋势而言，学者们关注的焦点逐渐由服务的产出形式转向服务的活动过程，进而展开了关于服务业与服务经济的研究。

3.1.3 服务业与服务经济

如前所述，斯密等学者不认同服务创造社会财富，自然将其排除在社会分工体系之外，也就否认了服务业与服务经济的存在。而马克思的观点则截然相反，认为服务劳动从属于分工体系，指出社会分工应被理解为社会劳动的总体或整体分成各种劳动方式，表现为各种特殊劳动方式的整体，而服务劳动是一种特殊劳动，提供特殊的使用价值，具有种种工农业劳动所不具有的特点。他还认为服务劳动将随生产方式的革命而使其在分工体系中的地位和作用不断提高并加强，这一观点隐含了对服务业在经济体系中地位与作用的肯定和对服务经济发展前景的预见。

19 世纪 70 年代初期，边际效用价值论被提出并广泛传播，边际学派日渐昌盛。阿尔弗雷德·马歇尔（Alfred Marshall）在古典学派和边际学派理论的基础上，对以往的经济学进行了系统的综合，创立了新学派，使服务的价值有了“效用”这一新的衡量尺度，从而更改了服务的价值论基础，使得人们对服务劳动的成果形式及其运动规律有了新的认识，服务业被纳入到国民经济的总体中去考察，人们不再仅从劳动性质角度考察服务的具体功能，而是从国民收入分配、国民经济核算、产业结构变化等多个角度对服务业进行多层次的分析。同时，人们也开始注重深入研究服务业各行业自身生产过程、经济效益、收入分配过程等特点。

20 世纪 30 年代，英国经济学家阿仑·费希尔（A. G. B. Fisher）首次提出三次产业分类法。他根据社会生产活动历史发展的顺序和对劳动对象进行加工的顺序将国民经济部门划分为三次产业，产品直接取自自然界的部门称为第一产业，初级产品进行再加工的部门称为第二产业，为生产和消费提供各种服务的部门称为第三产业。20 世纪 40 年代，英国经济学家和统计学家科林·克拉克（Colin Clark）在继承费希尔研究成果的基础上，使其逐步完善并得到普及，提出农业、制造业、服务业三大类产业分类，被称为克拉克产业分类法。20 世纪 70 年代，美国经济学家西蒙·史密斯·库兹涅茨（Simon Smith Kuznets）进一步发展了这种分类法，提出农业、工业、服务业三大类产业分类。上述学者的研究逐步确立了服务业在国民经济体系中的独立性与重要地位。随着经济结构的目标变化和服务业的作用日益显著，服务经济理论作为一种单独的经济形态开始被人们关注和研究。

20 世纪中叶，富克斯对服务经济开展了实证分析，在其著作中较为详细地论述了第二次世界大战以后美国从工业经济过渡到服务经济的进程中，就业人数增长情况、服务业生产率变化、服务业工资收入、商业周期特点、行业组织、劳动力特征，以及服务经济增长对国民经济总体的直接影响等问题。其后，西方各主要国家的经济学家也相继发表了有关服务经济问题的论著，涉及服务市场学、服务业基本原理、旅游经济和医疗卫生经济、邮电经济等问题。相比之下，日本的服务经济理论研究规模较大、研究程度也较深。但总的来说，这些研究大多偏重实证分析，对服务经济领域中的规律问题则缺乏系统性探讨与分析。

3.1.4 生产性服务业

1966 年，美国经济学家格林菲尔德（H. Greenfield）在研究服务业及其分类时，最早提出了生产性服务业（Producer Services）的概念。此后，各国学者对生产性服务业的研究大概归于两种视角，一是产业属性视角，二是投入产出视角。

（1）产业属性视角的生产性服务业

1975 年，布朗宁（Browning）和辛格曼（Signalman）等经济学家根据联合国国际标准产业分类体系（International Standard Industrial Classification of All Economic Activities，ISIC）的规则，将服务业划分为消费者私人服务、生产者服务、分销服务和社会服务，并认为生产者服务业包括金融、保险、法律、工商服务、经纪等具有知识密集特点和为客户提供专门性服务的行业。哈伯德（Hubbard）和纳特（Nutter）、丹尼斯（Daniels）等人认为服务业可分为生产性服务业和消费性服务业，生产性服务业的专业领域是消费性服务业以外的服务领域，并将货物储存与分配、办公清洁和安全服务也包括在内。贝尔斯（Beyers）等人认为生产性服务业是主要提供专业性、科学性和技术性服务的产业。

（2）投入产出视角的生产性服务业

努瓦耶勒（Noyelle）和斯坦贝克（Stanback）提出生产性服务业是中间投入而非最终产出。加拿大经济学家格鲁伯（Grubel）和沃克（Walker）认为，生产者服务与直接满足最终需求的消费者服务相对应，是指“那些为其他商品和服务的生产者用作中间投入的服务”。考夫（Coffer）认为生产性服务业不是直接用来消费的，也不是直接可以产生效用的，它是一种中间投入而非最终产出，它扮演着一个中间连接的角色，用来生产其他的产品或服务。钟韵等（2005）认为生产性服务业不是直接面向消费者个体，而是直接为相关商务企业与工业提供服务。

3.1.5 运输服务

马克思认为，“运输业是特种产业，它不同于其他的产业，因而它的产品，即它创造的使用价值，不能同它的生产过程相分离”。他将交通运输业的生产方式描述为“生产过程在流通过程内的继续，并且为了流通过程而继续”。上述论述表明，马克思将交通运输业归于物质生产领域，或者至少是附属于物质生产部门，相当于肯定了运输是一种生产性服务业。受该观点影响，我国国内许多学者习惯于将交通运输业的产出称为运输产品或运输服务产品。

陶维号（1999）运用产品整体概念的原理对运输服务产品分三个层次进行了解析。一是运输服务核心产品，指实现旅客或货物的位移，这是整体概念中最主要、最基本的部分；二是运输服务形式产品，即企业向市场提供运输服务产品时，向消费者展示的运输服务产品的形象，主要是运输服务质量，它有助于运输服务核心产品的实现；三是运输服务延伸产品，指旅客或托运人消费运输服务核心产品时所获得的全部附加服务和利益，它不仅有助于运输服务核心产品的实现和运输服务形式产品的确立，而且在某些情况下成为企业重要的竞争手段，决定着企业的生存和发展。

荣朝和（2002）认为运输产品从本质上讲就应该是完整的，完整运输产品的概念是指客户所需要的从起始地到最终目的地的货物位移，从供给的角度就是指一个完整的运输链条，即无缝隙运输服务。他认为完整运输产品是否被有效提供决定着运输业的绩效，是运输经济分析不可忽视的一个重要问题。

欧国力（2004）从运输产品完成过程而非结果的角度，提出空间性是其重要特性，认为对于提供运输服务的主体而言，应更加注重生产和消费在相同时空内进行的运输活动的过程，并指出运输产品具有完整性和公共物品属性。

程世东（2008）对一体化运输服务市场的架构和运行等问题进行了跟踪研究。樊桦（2010）对综合运输服务体系的内涵、发展状况与发展任务等进行了研究，并构建了综合运输服务的评价指标体系。

上述研究都强调了交通运输业作为服务业应提供完整产品，运输服务作为交通运输业的产出形式，应是一个包括客货全程位移和相关服务在内的整体活动过程，这些成果为进一步研究运输服务系统奠定了理论基础。

3.2 关于运输服务系统的相关研究

3.2.1 系统科学的理论演进

20 世纪 40 年代以来，系统科学作为一门新兴学科，在现代科学技术高度综合的大趋势下产生并迅速发展起来。在此之前，物理学和数学、生物学和生命科学以及计算机技术等均已蓬勃发展，推动了人类社会的文明进步。然而，由于各门学科各自发展，人类社会的复杂性、学科之间的互补性以及知识的统一性都没能合乎逻辑地表达出来。作为沟通各学科的媒介物与方法论，系统科学应运而生。它的发展大致经历了三个阶段：即20世纪40年代至60年代，系统科学形成；20世纪70年代至80年代，自组织理论建立；20世纪80年代中期以来，复杂系统科学兴起。

（1）系统科学形成——“老三论”

系统科学的产生始于一般系统论、信息论和控制论，我国将其统称为“老三论”，其影响极其广泛，具有很高的知名度，它为系统科学奠定了三个核心概念——系统、信息和控制。

1932年，美籍奥地利生物学家路德维希·冯·贝塔朗菲（Ludwig Von Bertalanffy）提出了系统论的思想，此后又提出了一般系统论原理，奠定了系统论的理论基础。系统论用系统概念来把握研究对象，始终把对象作为一个整体来看待，并强调系统结构与功能的研究，以及系统、要素、环境三者的相互关系和变动规律。

1948年，美国数学家克劳德·艾尔伍德·申农（Claude Elwood Shannon）发表《通信的数学理论》，成为现代信息论研究的开端。信息论揭示了事物的组织结构程度，用于研究物质和能量的时空分布不均匀程度以及系统的演化方向等。

1948年，美国数学家诺伯特·维纳（Norbert Wiener）提出控制论，该理论基于系统中被控对象存在着可能性空间这一事实，研究根据所确定的目标状态，改变控制条件，使被控对象的可能性空间缩小，从而沿着某种确定的方向发展。

（2）自组织理论建立——“新三论”

随着耗散结构论、协同学和突变论等一批关于非均衡系统自组织理论的兴起，系统科学有了新发展，我国称其为“新三论”，它使人类社会对客观世界的认识水平从平衡态到非平衡态、从确定性到非确定性、从线性到非线性、从连续性到非连续性、从他组织到自组织、从简单性到复杂性推进。

1969年，比利时物理化学家和理论物理学家伊里亚·普里戈金（Ilya Prigogine）正式创立耗散结构理论，提出“非平衡是有序之源”，并且是“通过涨落的有序”。他认为小的涨落会自生自灭，不影响系统结构稳定性；但涨落如果发生在系统远离平衡的非线性区，就会放大并使系统离开原来的状态或轨道，从而破坏系统结构的稳定性，为形成新的有序结构创造条件。

1969年，德国理论物理学家赫尔曼·哈肯（Hermann Haken）首次提出协同学一词，研究有序与混沌之间的演化规律。协同学认为系统从无序形成有序结构的机理在于其本身所固有的一种调节能力和协同作用，或者说自组织能力，它是系统自身存在和发展的动力。

1969年，法国数学家勒内·托姆（René Thom）提出突变论，指出在自然界和人类社会活动中，除了存在连续的、渐变的、平滑的运动过程之外，还存在大量的突然变化和跃迁现象，外界条件的微变可能导致系统宏观状态的巨变。突变论提供了一种研究所有跃迁、不连续性和突然质变的更普遍的数学方法，是耗散结构论和协同学的数学基础与工具。

（3）复杂系统科学兴起

复杂系统理论主要是研究复杂系统中各组成部分之间相互作用所涌现出研究的复杂行为、特性与规律的科学，它更强调系统的开放性、动态性、长程相干或非线性、内随机性、要素的自主性等基本特征。历经20多年的发展，复杂系统科学已在多个层面与角度取得了研究进展，这些理论具有各自独特的价值与意义，其中在国际上影响较大的主要有非线性自组织理论、复杂适应系统理论和开放的复杂巨系统理论三大学派。如前所述，非线性自组织理论的观点是涨落造就复杂性。复杂适应系统理论由美国圣塔菲研究所提出，认为系统的复杂性来源于适应性。我国科学家钱学森等提出了开放的复杂巨系统理论，认为“复杂性实际上是开放的复杂巨系统的动力学特征”，主张用“从定性到定量的综合集成法”来解决复杂性问题。

3.2.2 服务系统的相关理论

(1) 一般理论研究

对服务系统的研究属于服务管理研究范畴，服务管理是研究服务组织怎样更有效地开展运营活动，以求在合适的时间将合适的产品（服务）提供给合适的顾客。罗斯（Roth）和梅纳（Menor）认为，实现上述目标，需要战略性地考虑以下因素：目标市场及顾客细分、作为一种复杂的产品组合而存在的服务理念和服务的提供系统。其中，服务理念是指服务的内容，即提供什么服务；服务系统指服务的流程，即如何将服务内容提供给顾客。在以往服务管理研究文献中，服务系统与服务流程的含义基本相同。

萨瑟（Sasser）等人指出，在购买一项服务时，顾客必须与提供这一服务的服务人员、服务设备和服务环境相互作用，即服务流程本身构成了产品的一个维度，因此必须从包含服务流程的整体角度出发来定义服务产品。约翰斯顿（Johnston）和克拉克（Clark）认为，服务流程是为提供服务所需的按一定顺序组合在一起的一整套相互关联的任务或活动，服务流程能够将各项活动与所需资源联系起来。拉马斯瓦米（Ramaswamy）认为服务流程设计是指对提供服务所需的设施设备和服务运营的结构化与运行过程的安排。陈觉（2008）认为，服务流程是服务组织向顾客提供服务的过程和完成这个过程所需要素的组合方式，如服务行为、工作方式、服务程序和路线、设施布局、材料配送等。彭丽芳（2008）认为，服务系统包括诸如过程、转换等系统性组成部件以及供应商、员工和客户等个体组成部件，客户与供应商、员工在服务过程中的相互作用体现了服务系统价值链的最大特点——互动性。卢国红（2011）则提出服务系统是由服务准备系统、服务生产及传递系统、服务促销及其他接触点系统三个子系统组成的一个整体系统。上述研究表明，服务流程或者服务系统至少具有两层含义，一是具备提供服务所需的资源，二是完成服务的顺序和活动。

（2）特定服务系统研究

除了一般理论层面的研究，许多学者在具体领域对特定服务系统也开展了一些针对性的研究，如制造业延伸的产品服务系统、医疗和就业等社会服务系统以及金融、物流等产业服务系统，主要是运用服务经济和系统科学等理论，分析不同系统的概念、内涵、特征、构成、外部环境、运行机制等。

洛文斯（Lovins）、贾尔里尼（Giarini）和斯塔尔（Stahel）、布劳恩加特（Braungart）和恩格弗雷德（Engelfried）等人为应对环境问题开展了大量关于“产品服务”的研究，倡导“由产品提供向功能输送”的理念。在此背景下，一些学者融合了服务经济与功能经济理论，提出了产品服务系统，即通过提供给客户相同的效用，以此取代实物产品，实现生产和消费的非实物化。梅吉坎普（Meijkamp）和霍克茨（Hockerts）等人还进一步研究了产品服务系统的分类，提出产品导向、服务导向、结果导向、需求导向等多种产品服务系统类别。

李豪杰（2004）研究了体育医疗服务系统，基于顾客、企业、供应商等三个层次的价值网构建了我国的体育医疗服务系统，并提出以专业证照、人才培训、发展支援等三个子系统支撑该价值网的实现。李永捷（2008）研究设计了中国的就业服务系统框架，并分析了环境、运作、管理三大就业服务分系统。张盛良（2010）和邢玉婷（2011）等分别对科技服务系统进行了研究，在对科技服务产品加以定义的基础上，分析了科技服务系统的功能与构成要素，以及系统运行的模式、流程、机制等。

童明荣（2009）和杨晓雁（2010）分别研究了城市物流系统与区域物流系统，剖析了物流系统的要素、构成、功能以及与经济社会等其他系统的相互作用关系等。周慧（2011）以复杂适应系统理论为基础，对面向产业低碳发展的金融服务系统开展了深入研究，分析了金融服务系统的内涵和复杂适应特征、内部构成要素和外部环境因素，并在此基础上，构建了面向产业低碳发展的金融服务系统结构模型及其传导机制。

3.2.3　运输服务系统的相关研究

20 世纪 70 年代，张国伍首先将系统科学与系统工程思想应用于交通运输领域，意在破解综合运输难题，开创了交通运输系统分析的先河，并在交通运输布局规划的理论与实践、交通运输系统动力学理论、综合交通枢纽规划与管理、交通运输结合部管理理论应用与实践、交通运输领域中的物理—事理和人理现象、智能交通系统理论与实践等方面创立了丰硕的学术思想与学术成果，为后续开展综合运输系统与专业运输系统的研究工作奠定了理论基础。

（1）综合运输系统的研究

彭辉（2006）对综合交通运输系统进行了理论分析，提出综合交通运输系统由水路、公路、铁路、民航和管道五种基本交通方式的运输系统以及仓储公司、旅行社、邮政包裹服务、联运公司和运输承包公司等多种服务于综合运输运营的运输代理商组成，认为各运输方式的运输系统为专业化的生产体系，运输代理企业为社会化的服务体系，两者之间的结合是综合交通运输系统发展必须解决好的重要问题。综合运输系统应具备运载工具、通路、场站、动力、通信、运营管理等要素，运输经营成功与否，服务质量能否令人满意，取决于构成要素能否发挥其应有的功能，以及彼此能否密切配合。

赵旭（2007）研究了现代物流理念下的交通运输系统资源整合方法，提出交通运输系统资源是指交通运输系统在向社会提供运输服务的过程中所拥有或者所控制的能够实现交通运输系统整体发展目标的各种要素集合。根据交通运输系统资源的属性以及在其优化配置过程中的特点，可以划分为公益性资源、经营性资源、能力资源、协调资源和外部性资源等。其中，协调资源中包括运输组织，及在一定运输任务的条件下，合理选用运输工具、线路、中转地点、装卸机械，制定最优的运输组织方案并实施的过程，它是交通运输活动的具体承担者，是交通运输系统资源的直接构成，包括运输行业内从事运输活动的企业、社会组织以及个体经营者等。

（2）专业运输系统的研究

关于专业运输系统的研究主要归于两种视角，一种是从运输方式角度出发，研究铁路、公路、水运、航空、管道等某一种方式的运输系统，另一种是从运输对象或者标的物角度出发，比如旅客、集装箱、大宗物资、零担货物等，研究其运输组织过程，分析其系统构成和运作机理。除此之外，也有一些学者研究更为专业领域的运输系统，比如铁路客运系统、水路铁矿石运输系统等。

林建清（2003）研究了现代航运物流系统，他从分析航运企业物流的特性出发，结合系统工程优化的数学模型和方法，以及财务中对资金流优化的方法对航运物流系统中的物资流、资金流、信息流和其他因素进行研究，旨在有效地对整个系统的各个部分及整体进行整合优化，使之高效运作，发挥最大的功效。

于春荣（2008）认为交通运输系统是一个开放系统，与外部环境（如工业、农业、商业、教育、科技等部门）进行着频繁的物质、能量和情报交流，同时又是国民经济系统的重要子系统。他专门对公路运输系统进行了深入研究，认为它是由公路运输业的公路网络、汽车等运输工具、站场及其他设施等硬件部分和公路运输业的经营组织、管理、信息等软件部分及公路运输业的服务对象（客、货流子系统）组成的一个有机整体，其功能是安全、经济、迅速、准时地把人、物和信息送到目的地。他还从运输效率、使用的舒适性等方面对公路运输系统进行了经济分析与评价。

刘涛（2008）从环渤海地区海陆联运切入，研究了海陆客货滚装无缝运输系统。他在比较了环渤海地区海陆联运和陆上直达运输的经济性，并勾画出海陆联运经济地理范围的基础上，从理论上设计出了环渤海地区海陆客货滚装无缝运输的新方案，该方案继承了普通客货滚装船运输系统的优点，并可以进一步拓展服务范围、提高运输效率和运载工具利用率、增加运输安全性，也能够为托运人提供更加规范化的服务，使长距离陆—海—陆门到门联运更加经济、便利。

裘永平（2008）在国际海运集装箱船大型化的背景下，研究了超大型集装箱船运输系统，认为其规模经济的实现是一个复杂的国际性系统工程，受航运业其他系统的制约，必须要有充足的货源、合理的港口挂靠顺序、优化的航线组织、良好的港口配套设施和集疏运体系等，在此基础上，对该系统进行了优化研究。

3.2.4 货运服务系统建设的研究方向

从以往研究来看，在服务、服务业与服务经济、系统科学以及服务系统等领域已形成了比较成熟的理论体系和相当丰富的研究成果，为货运服务系统建设的研究奠定了扎实的理论基础，并提供了多元的方法借鉴。关于现有研究成果，笔者赞同交通运输属于服务业，它与其他服务业一样，能够创造价值和带来经济社会效益这一观点。因此，对交通运输业的研究可以运用产业经济学理论，从产业发展的角度，研究其产业组织、产业结构、产业管理等。同时，笔者也认为运输服务是一个复杂系统，应该用系统论方法，剖析其组织结构，分析其构成要素的内在关联性及相互作用。实现运输服务系统的正常高效运行，对于交通运输产业的发展发挥着重要作用。尽管在相关领域取得了上述成果，但是，从目前关于运输服务系统的研究进展来看，仍有许多值得进一步探究和拓展的领域。

（1）针对运输服务系统开展专门性研究

根据综合交通运输体系理论，综合交通运输体系由基础设施、技术装备、运输服务三大系统构成，即运输服务系统与基础设施系统、技术装备系统并列，同为综合交通运输体系的组成部分之一。但目前绝大多数关于运输服务系统的研究却少有基于这一理论，而是囊括了基础设施与技术装备的所有相关内容，成为一个大而全的研究，甚至将后者作为研究重点，对于网络布局、节点设置、装备配套等给予了更多关注，而对于真正的运输服务系统缺乏专门性的研究。而根据国际上关于服务系统的研究，一般是将其等同于服务流程的研究，也就是说更加关注服务的过程以及完成这一过程所涉及的主体、客体等系统要素。从这一角度而言，关于运输服务系统的研究也应该从运输组织的角度切入，分析旅客或货物从起点到终点的位移过程，以及与实现这一位移过程密切相关的运输组织者、旅客和货主等的互动关系，在此基础上，分析服务过程中的价值传递与增长，讨论系统的优化和整体效益最大化等问题。

（2）从微观到宏观的运输服务系统研究

目前关于运输服务系统的研究大多着眼于微观层面，聚焦于某一细分领域，比如研究集装箱多式联运服务系统、大宗物资运输服务系统、工程物资运输服务系统、汽车零部件运输服务系统等，并且取得了丰硕成果，这为本书提供了可供参考的分析方法和丰富的研究案例。但是，大量全国或区域综合交通网络规划研究均是从宏观层面研究交通基础设施系统的成果，相比之下，关于运输服务系统的宏观研究则并不多见。不可否认，运输服务系统不同于交通基础设施系统，前者更加偏重于微观层面的运营组织，在宏观层面开展研究无论从理论还是从方法上都有较大局限，并且研究的价值和意义也存在争议。但笔者认为，运输服务系统既然作为综合交通运输体系的组成部分之一，如果不做宏观层面的研究，系统建设就缺乏理论支撑与实施路径。对于运输服务系统的宏观研究可以从服务业特性出发，研究运输服务产业的组织结构，在此基础上构建其系统框架。

（3）系统科学与运输经济理论相互结合

如前所述，国内外在系统科学与服务产业两大学科领域均已建立起较为完整的理论体系和成熟的研究方法。运输服务系统是跨越两大学科的交叉学科，但目前却少有将二者的理论方法相结合，针对运输服务这一系统开展的深入研究。纵观系统科学的发展，早已从最初的物理、数学、生物和生命科学等领域渗透到如今的经济、社会、环境等方方面面，很多经济生活中的问题都可以采用系统科学的理论方法进行探究和解决。因此，笔者认为对于运输服务问题，也可以在产业发展角度研究的基础上，开辟系统论角度的研究，并将二者相结合，分析系统运行与产业发展的关联关系与发展路径。

（4）构建货运服务系统的整体研究框架

本章主要厘清运输服务系统构成、运作机制及其在交通运输产业发展中的作用，提出运输服务系统建设的主要任务和支撑运输服务系统建设的政策框架，为我国综合交通运输体系的构建和完善、交通运输产业的发展提供理论依据和决策参考。由于旅客和货物运输服务组织与管理属性、特征等存在巨大差异，应分别进行研究。本章主要以现代物流发展为背景，对货运服务系统的建设进行研究，旨在解答货运服务系统是什么、货运服务系统在交通运输产业发展中具有什么作用、我国需要什么样的货运服务系统、如何建设货运服务系统等问题。本章主要依据产业经济学和运输经济学的相关理论，从市场结构、市场行为、市场绩效等方面分析研究交通运输产业组织。然后选取典型货物运输服务系统，如集装箱多式联运系统、零担货物道路运输系统、快件运输系统等，从运输组织和运输服务实现过程的角度，分析其构成要素、要素之间的关系和系统运作机制，归纳总结货运服务系统共性的结构性特征和运行规律。根据货运服务系统的运作机理，分析其对交通运输产业组织产生的影响，研究能否通过货运服务系统的建设和完善，协调交通运输产业内企业间的关系，构建一种既有利于竞争，又有利于发挥规模经济作用的市场格局，以促进交通运输产业的发展和提升运输服务水平。在此基础上，研究货运服务系统建设涉及的企业组织模式、利益协同机制、技术支撑条件、产业发展环境等。最后提出有利于推进货运服务系统建设的交通运输产业政策的基本取向，特别是产业组织政策的思路框架。

3.3 运输服务业产业组织的基本理论

3.3.1 产业组织理论

（1）产业组织的定义

产业组织是指由生产同类型产品的企业在同一市场上集合而成的产业内各企业之间的关系结构，该结构决定了企业实现规模经济效益与保持竞争活力之间的平衡。这一概念包括以下两层含义。

①产业内企业间的市场关系。产业内企业间的市场关系是指同类企业间的垄断、竞争关系，包括交易关系、行为关系、资源占用关系和利益关系等。它表现为产业内企业间垄断与竞争不同程度结合的四类市场结构，即完全竞争型、完全垄断型、垄断竞争型和寡占垄断型四种市场结构。它反映了产业内不同企业的市场支配力差异、市场地位差异和市场效果差异。

②产业内企业间的组织形态。产业内企业间的组织形态是指同类企业相互联结的组织形态，如企业集团、分包制、企业系列等。这些不同的产业组织形态既根源于企业间技术关联的专业化协作程度，又取决于产业内企业间垄断与竞争的不同结合形态。

（2）产业组织的理论体系

产业组织理论是西方产业经济学最早研究并卓有成效的基本问题，英国古典经济学家亚当·斯密（Adam Smith）在《国民财富的性质和原因的研究》（1776）一书中提出了市场竞争机制和劳动分工两个原理，均论及自由竞争市场机制下厂商的市场行为问题，对西方经济学的研究具有直接和重要的影响，也为产业组织理论的产生奠定了重要基础。

①理论渊源——马歇尔冲突。新古典学派经济学家马歇尔（Alfred Marshall）首次把产业内部的结构定义为产业组织，并把这一概念引入经济学。他在萨伊（Jean-Baptiste Say）的生产三要素基础上，提出了“组织”这一第四要素，专门分析了分工的利益、产业向特定区域集中的利益、大规模生产的利益、经营管理专业化的利益、马歇尔意义上的“内部经济”与“外部经济”、收益递减与收益递增等现代产业组织的主要概念和内容。马歇尔认为收益递增即规模的经济性是和产业组织直接相关的，并在分析规模经济成因时，发现了被后人称之为“马歇尔冲突”的矛盾，即大规模生产能为企业带来规模经济，使这些企业的产品单位成本不断下降，市场占有率不断提高，其结果必然导致市场结构中的垄断因素不断增强，进而阻碍竞争机制在资源合理配置中发挥作用，使经济丧失活力，从而扼杀自由竞争。面对这一矛盾，马歇尔试图用任何企业的发展都有的“生成——发展——衰退”过程来说明垄断是不会无限蔓延的，规模经济和竞争是可以获得某种均衡的。随后，一些学者以收益递增规律与完全竞争前提相矛盾为突破口，掀起了一场有关“马歇尔冲突”的理论战争。此后，张伯伦（E. H. Chamberlin）与琼·罗宾逊（Joan Robinson）同时出版了各自专著，提出纠正传统自由竞争概念的垄断竞争理论，认为在现实世界中，各种不同形式的、不同程度的垄断和竞争是交织并存的，由此二人与马歇尔共同被奉为产业组织理论的鼻祖。

②理论体系建立——有效竞争的提出。比较完整的产业组织理论体系是20世纪30年代以后在美国以哈佛大学为中心逐步形成的。

梅森（E. S. Mason）在哈佛大学建立了一个产业组织研究小组，开始对市场竞争过程的组织结构、竞争行为方式和市场竞争结果进行经验性研究，在继承张伯伦等人垄断竞争理论的基础上，提出了产业组织的理论体系和研究方向。此后，克拉克（Clark）提出有效竞争概念，即一种既有利于维护竞争，又有利于发挥规模经济作用的竞争格局，对产业组织理论的发展和体系的建立产生了重大影响。随后，梅森进一步发展了这一理论，并归纳了两大类基本的有效竞争标准：一是将能够维护有效竞争的市场结构的形成条件归纳为市场结构标准，二是将从市场成效输出的角度来判断竞争有效性的标准归纳为市场绩效标准，被称为有效竞争标准的二分法。继梅森的研究之后，一些经济学家将有效竞争的标准从二分法扩展为三分法，即市场结构标准、市场行为标准和市场绩效标准，并概括了判断有效竞争的标准，如表3-1所示。

有效竞争的标准 表3-1

三 分 法	标 准
市场结构	①集中度不太高； ②市场进入容易； ③没有极端的产品差别化
市场行为	①对于价格没有共谋； ②对于产品没有共谋； ③对竞争者没有压制政策
市场绩效	①存在不断改进产品和生产过程的压力； ②随成本大幅下降，价格也向下调整； ③企业与产业处于适度规模； ④销售费用在总费用中的占比不存在过高现象； ⑤不存在长期的过剩生产能力

③产业组织理论的结构—行为—绩效分析。

产业组织理论建立以来，学术界围绕市场结构（Structure）、行为（Conduct）、绩效（Performance）这三大主题开展了深入研究，哈佛学派构造了一个既能深入具体环节，又有系统逻辑体系的SCP分析框架。其中，市场结构是指对市场内竞争程度及价格形成等产生战略性影响的市场组织特征，其决定因素主要为市场集中度、产品差别化程度和进入壁垒的高低；市场行为是指企业在充分考虑市场的供求条件和其他企业关系的基础上，所采取的各种决策行为，包括企业的定价策略、产品与广告策略、研发策略、排挤竞争对手与私下默契协调等行为；市场绩效是指在一定的市场结构和市场行为条件下，市场运行的最终经济效果，主要从产业的资源配置效率和利润率水平、与规模经济和过剩生产能力相关的生产相对效率、销售费用的规模、技术进步状况、X非效率、价格的伸缩性以及产品的质量水准、款式、变换频度和多样性等方面直接或间接地进行评价。但不同学派和理论对于这一分析框架中结构、行为、绩效相互间的因果与作用关系，以及依据这一关系所制定的产业组织政策却多有分歧与争论，如表3-2所示。

产业组织主要理论学派及其观点主张 表3-2

理论学派	观点	政策主张
哈佛学派——结构主义者	市场结构决定市场行为，市场行为决定市场绩效，因此，为获得理想的市场绩效，最重要的是通过公共政策来调整和直接改善不合理的市场结构	着眼于形成和维护有效竞争的市场结构，对经济生活中的垄断和寡占采取规制政策
芝加哥学派——效率主义者	市场绩效或市场行为决定了市场结构，高集中度市场中的高利润率源于大企业的高效率经营，只要没有政府进入规制，会随着新企业的大量进入或卡特尔协定的破裂而难以长期为继，反垄断政策的目的在于实现经济效率性	怀疑市场干预政策，主张减少政府对产业活动的介入以扩大企业和私人自由的经济活动范围

续上表

理论学派	观　点	政策主张
可竞争市场理论	良好的市场绩效在理想市场结构以外仍可实现，只要不存在沉没成本这一进入壁垒，无论在垄断或寡占市场，任何企业都不能维持超额利润价格和低效率的生产组织	自由放任政策比政府规制政策更有效，竞争政策应重视保持充分的潜在竞争压力，关键是降低沉没成本
新奥地利学派	注重人类行为科学，从不完全信息出发，把竞争性的市场看作分散的知识、信息的发现和利用过程，认为社会福利的提高源于生产效率，市场竞争源于企业家的创新精神，垄断企业是生存下来的最有效率的企业	以完全的自由市场来获得充分的竞争，彻底否定反垄断和规制政策
博弈论	企业行为不仅取决于市场结构，还取决于企业对自身的行为可能引致的其他企业反应行为的预期	主张彻底的自由放任经济，认为政策行为是可以预测的，应维持预期的稳定，实行一种长期有效的政策措施

随着产业组织理论的发展，多数学者已不再认为结构、行为、绩效三者之间是简单的决定或被决定的关系，它们相互间复杂的因果关系已逐渐被认识和发现。从短期考察，可以把一定技术水平与需求特征下的市场结构看成是既定的要素，作为企业市场行为的外部环境，市场结构在某种程度上决定了企业的市场行为，而产业内所有企业的市场行为又决定了市场绩效；从长期考察，市场结构也在发生变化，而这种变化正是企业市场行为长期作用的结果，有时市场绩效的变化也会通过技术进步、利润水平等传导因素，导致市场结构发生变化。因此，在一个较长的时期内，市场结构、市场行为和市场绩效之间是双向的因果关系，产业组织框架及运行机理如图 3-1 所示。

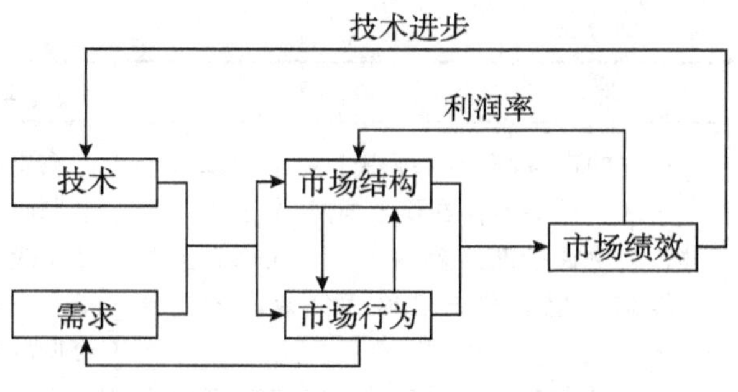

图 3-1　产业组织框架及运行机理

3.3.2　运输服务业产业组织分析

（1）运输服务业产业组织框架

①运输服务业市场结构。运输服务业的市场结构是指运输企业的构成及相互关系，它为运输企业进行各种经济活动提供了特定的市场环境。运输服务业的市场结构相对复杂，因为它不仅包括每种运输方式企业的构成及关系，而且由于不同运输方式提供的运输服务产品在一定的市场范围内具有替代性，即存在共同市场，因此它也包括不同运输方式企业的构成及关系。各种运输方式由于其规模经济性、市场进入与退出壁垒、服务产品的差异性等市场结构因素差别较大，而形成不同的市场结构。如在我国，铁路运输为一家经营的完全垄断市场，民航与远洋运输为寡头垄断市场，而公路与内河运输则近似于完全竞争市场。当不同运输方式处于同一市场时，则不同组合会形成不同的市场结构，但总体上竞争性会进一步增强。另外，不同运输方式受其技术经济特征等内部因素与所处国家的自然地理、资源禀赋、经济发展水平、产业结构、人口规模与分布等外在因素影响，以及政府对交通运输业政策规制的作用，而在产业中处于不同的地位，使运输服务业形成不同的市场结构。

②运输服务业市场行为。运输企业所采取的市场行为包括价格

行为、产品策略，也包括企业间的协调行为等，其目的都是为了在市场上获取更大的利润和占有更高的市场份额。一般认为，短期内市场行为决定于市场结构，但我国的交通运输产业却有其特殊性。由于政府对不同运输方式实行不同的规制政策，使得企业并不是受市场结构的影响而采取相应的定价策略，如铁路运输为政府定价，公路客运和多数航线的民航旅客运输为政府指导价，而公路、内河货物运输则已基本实现自由竞争下的市场价格。但是，由于市场环境不完善，运输企业的价格行为也不尽规范，如价外价、黑市价、转嫁外部成本后的超低运价等违背市场规律、扰乱市场秩序的价格行为长期存在。同时，我国的基本国情与当前所处的发展阶段，使得旅客与货主对于运输服务这种派生性需求在相当长的一段时期内保持同质化，企业也难以采取差异化的产品策略。随着交通运输市场化改革的深入推进和市场环境的逐步完善，企业的市场行为将与市场结构、市场绩效的联系更加紧密，相互间的作用关系也将更加顺畅。

③运输服务业市场绩效。运输服务业的市场绩效是在一定的市场结构下，运输企业通过市场行为而形成的资源配置和利益分配状态。由于交通运输的基础产业属性，对其市场绩效的评价一定是多方面的，既要分析其产业自身的运行效率，也要关注其所产生的社会福利影响。从产业自身运行效率来看，运力资源是运输企业掌握的核心资源，其具有不可储存的典型特征，因此必须促进资源的优化配置，实现资源的充分利用，以保证运输企业维持一定的利润水平，同时，也要推动技术进步与产品创新，保持产业的活力与持续成长；从产业的社会福利影响来看，运输服务业的产值被视为经济社会运行的成本，而且就当前我国的产业结构和社会生活方式而言，经济发展与百姓生产生活对交通运输的成本均较为敏感，在很多领域，交通运输产业必须提供高效率、低价格的运输服务产品，

才能支撑经济的低成本运行，促进社会福利的增长。

（2）运输服务业产业组织运行

与其他产业相似，运输服务业的市场结构、市场行为与市场绩效也是互为因果的，并在相互作用的动态过程中，达到均衡状态。但运输服务业自身的产业特征，也使得其产业组织框架在实际运行中具有区别于其他产业的特殊性，如图 3-2 所示。

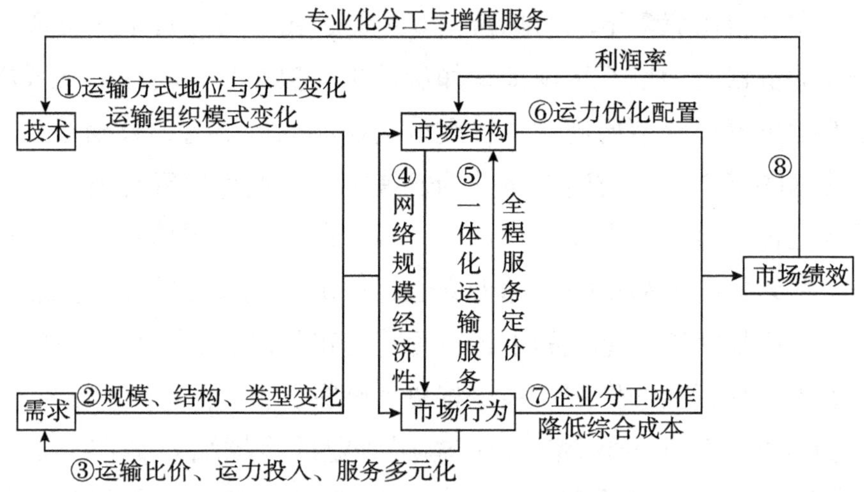

图 3-2　运输服务业产业组织框架及运行机理

①技术改变市场结构与市场行为。五种运输方式有各自的技术经济特征，随着科技的发展，不同运输方式通过技术更新而不断变换在交通运输产业中的地位与分工关系。如水运、铁路、公路、民航、管道在各国旅客与货物运输中依次兴起并占据主导地位，而后又随着新的运输技术与运输方式的出现而地位更迭。再如高速铁路、通用航空、城市轨道交通等的发展，使得不同运输方式之间的比较优势发生变化，相互间市场分工也随之转换。运输方式地位与分工的改变，使得市场以及细分市场中运输服务企业的构成发生变化。同时，新的运输方式带来新的运输服务产品，运输企业对此采取相应的价格策略与产品策略等市场行为。各种运输方式的生产组织模式会随着现有技术

的革新和新技术的出现而改变。如集装箱运输技术的出现与广泛应用，促进了多式联运这种运输组织模式的蓬勃发展；再如高速铁路技术的产生与日渐成熟，催生了铁路公交化的运输组织模式。运输组织模式的变革一方面使市场上出现了新的企业类型，改变了原有的市场结构；另一方面也通过运输组织衔接需求，打破了既有企业间单纯的竞争关系，产生了协作、兼并等其他市场行为。

②需求改变市场结构与市场行为。随着经济社会的发展和社会生产生活方式的改变，作为派生性需求的运输需求也会发生规模、结构与层次上的变化，并作用于运输服务业的市场结构与市场行为，特别是运输需求由同质化向多元化方向的转变，直接影响市场结构和运输企业的产品策略、价格策略等。

③市场行为影响运输需求。由于运输需求为派生性需求，且存在多种运输方式，企业的市场行为对需求的影响并非只是“价格降低，需求增加，价格升高，需求减少”那样简单。当某种运输方式的运价在一定范围内发生变化，运输需求通常会从一种方式转向另一种方式，即需求发生结构性变化，而非总量规模的变化。因此，各种运输方式的比价关系是影响运输需求的重要因素。此外，运输企业通过调整运力投入与提供多元化的服务产品等，也会影响运输需求的结构与类型等。

④具有网络规模经济性的市场结构决定市场行为。由于运输服务业提供的产品是人和货物的空间位移，而这种空间位移是借助运输工具实现的，即运输服务业开展生产性活动时，其生产工具和服务对象都会发生空间位置的变化，且仅就一次服务供给而言，服务对象是从起点到终点的单向移动，而运输工具则需要在两点之间往返，为双向移动。在此移动过程中，运输工具的运载能力不因承载旅客与货物的多少而发生变化，本次运输服务完成后，未被使用的

运力也不能再投入到下一次生产活动之中。因此，运输服务业固定成本所占比例较高，具有显著的规模经济效应，并且这种规模经济效应是建立在完善的服务网络基础之上的。这就使得运输服务业在发展中将逐渐形成一种具有网络规模经济性的市场结构，并促使运输企业基于这种网络规模经济性，采取相应的市场行为。

⑤市场行为调整市场结构。运输企业通过产品策略、价格策略等市场行为，也会对运输服务业的市场结构产生影响。比如，能够进行多式联运组织的综合运输企业，从提供某一区段运输服务到提供全程一体化运输服务，即产品策略的变化，将改变其市场地位及与其他企业之间的关系；再如，以全程位移计收运费的定价方式，会调整不同运输环节的利益关系，进而调整市场结构。

⑥市场结构影响市场绩效。具备网络规模经济性的市场结构有利于运力资源的优化配置与充分利用，从而提高运输企业的利润水平，同时降低经济社会运行的运输成本，提高社会福利水平，取得良好的市场绩效。

⑦市场行为影响市场绩效。运输企业的市场行为也会改变运输服务业的整体利润水平，促进或阻碍产业的技术革新，产生不同的市场绩效。比如，运输企业开发和应用新的运输技术、加强分工协作和组织衔接，将提高运输效率和运输服务的专业化水平；再如，企业通过提高运输服务的时效性、安全性等，降低运输服务需求者的综合成本，以此为基础确定运输价格，不仅能保证企业获取合理利润，也会增加社会收益。

⑧市场绩效反作用于市场结构与市场行为。运输服务业利润水平的提高会吸引新的企业进驻，改变市场结构；运输服务的专业化分工以及增值服务的发展有利于运输技术水平的提升，进而改变运输服务业的市场结构与市场行为。

3.4 货运服务系统的构成和运作机理

3.4.1 典型货运服务的组织方式

（1）公路零担货物运输

①公路零担货物运输的特点。公路零担货物运输指单次托运的货物数量较少，其重量或容积不足占用一整辆运输汽车，为保证运输的经济性，由公路运输企业安排和其他托运货物拼装后，共用一辆汽车进行运输的货物运输形式。根据《汽车货物运输规则》，托运人一次托运货物计费重量3吨及以下的为零担货物运输。按件托运的零担货物，单件体积一般不小于0.01立方米（单件重量超过10千克的除外），不大于1.5立方米；单件重量不超过200千克；货物长度、宽度、高度分别不超过3.5米、1.5米和1.3米。公路零担货物运输的特点是单次托运量小，托运批次多，托运时间和到站分散，一辆货车所装货物往往由多个托运人的货物汇集而成，并由几个收货人接收。公路零担货物运输不限托运批量，能够送货上门，并可以根据货源情况，适时调整车辆、线路与发车密度，具有灵活方便、经济迅速等优点，有利于提高车辆使用效率，提升经济效益。

②公路零担货物的运输组织。公路零担货物运输的组织形式主要有两种，一种是定期的零担货运班车，另一种是不定期的零担货运专线。在大多数公路零担货运企业两种运输组织形式兼而有之，其中，前者又分为普通零担货运班车和快件零担货运班车两种基本形式。公路零担货物运输的一般组织流程如图3-3所示，托运人在营业网点办理货物托运，承运人接收货物后运至分拨中心，并按照线路与目的地，对各网点集中而来的货物进行分拣和配货装车，然

后开展专线运输，如需中转，则在运输网络上的中转站进行二次分拣配装，最终运至目的地，由客户到营业网点自提或者送货上门。

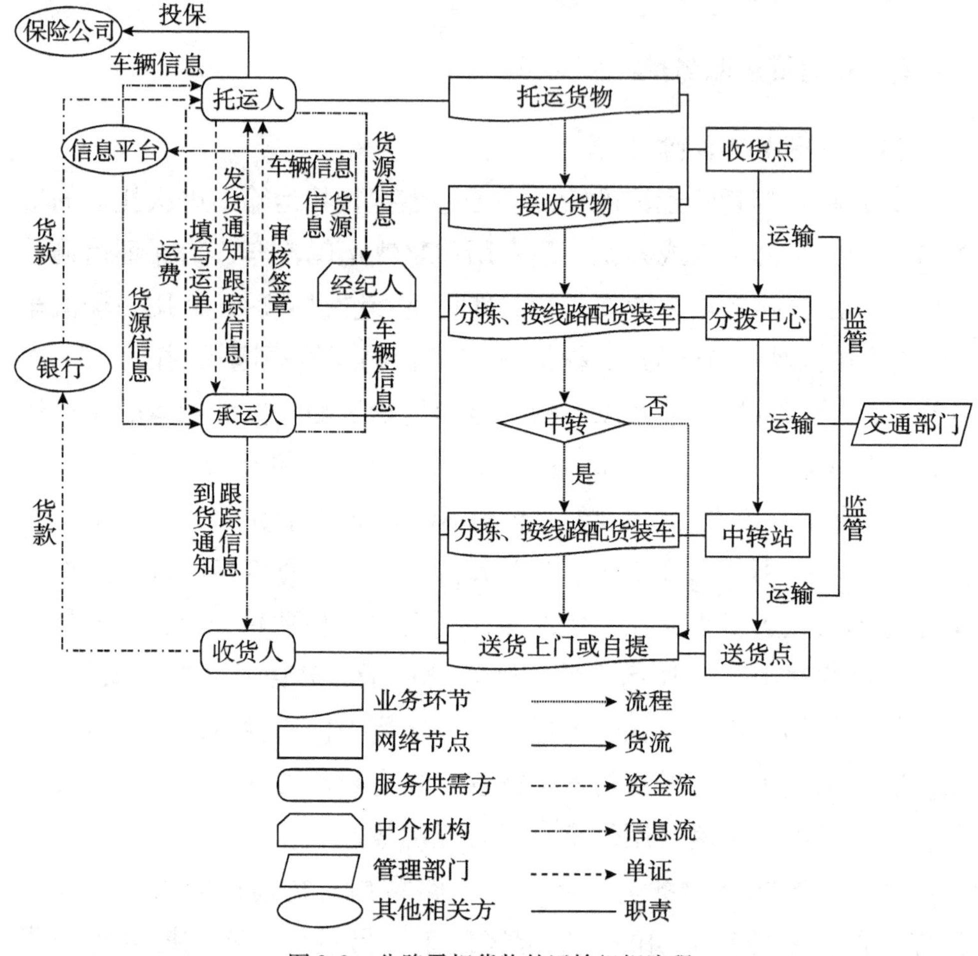

图 3-3　公路零担货物的运输组织流程

③公路零担货物运输组织的要素。在公路零担货物运输的组织流程中，承运人与托运人、收货人构成货运服务的供需双方，前者依托其经营网络，为后者提供运输服务，后者向前者支付运费。二者一般以经纪人为媒介，沟通货源与车辆信息，达成货运服务的买卖交易。在此过程中，保险公司、银行、信息平台等为交易双方提供保险、资

金、信息等服务，以支持交易的顺利完成。交通主管部门负责对公路零担货运企业进行行业管理，并对运输过程进行监管。

（2）国际集装箱多式联运

①国际集装箱多式联运的特点。国际集装箱多式联运是指按照多式联运合同，以至少两种不同的运输方式，由多式联运经营人将货物从一国境内接管货物的地点运至另一国境内指定地点交付的货物运输。它以集装箱为运输单元，通过一次托运、一次计费、一份单证、一次保险，将货物的全程运输作为一个完整的单一运输过程来安排，由各运输区段的承运人共同完成，不同运输方式有机组合，构成连续的一体化货物运输。国际集装箱多式联运是一种先进的运输组织方式，以实现货物整体运输的最优化效益为目标，其优越性表现在以下几个方面：一是可简化托运、结算及理赔等手续与环节，节省人力、物力和有关费用；二是可缩短货物在途时间、降低货损货差、提高运输服务质量；三是可优化运输组织过程，发挥各种运输方式的组合优势，提升运输效率与经济效益；四是可加快国际贸易中的资金周转，保障贸易的安全性与可靠性。

②国际集装箱多式联运的运输组织。国际集装箱多式联运的运输组织分为协作式与衔接式。协作式多式联运是在相关部门协调下，参加联运的运输企业与港站组成联运办公室，编制全程运输计划，各企业根据计划完成各自运输任务，我国当前大宗物资的多式联运多采用此种组织方式。而国际集装箱多式联运采用的主要是另一种运输组织方式——衔接式多式联运，即在多式联运经营人（MTO）的统一组织协调下，各运输区段的实际承运人相互配合、紧密衔接，完成货物的全程运输。国际集装箱多式联运多依托于国际贸易，贸易双方合同生效后，发货人一般委托代理人向MTO或其代理人提出托运申请，MTO若接受申请，则与发货人订立多式联运

合同，并与各运输区段的实际承运人订立货物运输合同，MTO 依靠自身的经营网络或代理人网络，组织全程运输，办理相关业务，具体流程如图 3-4 所示。

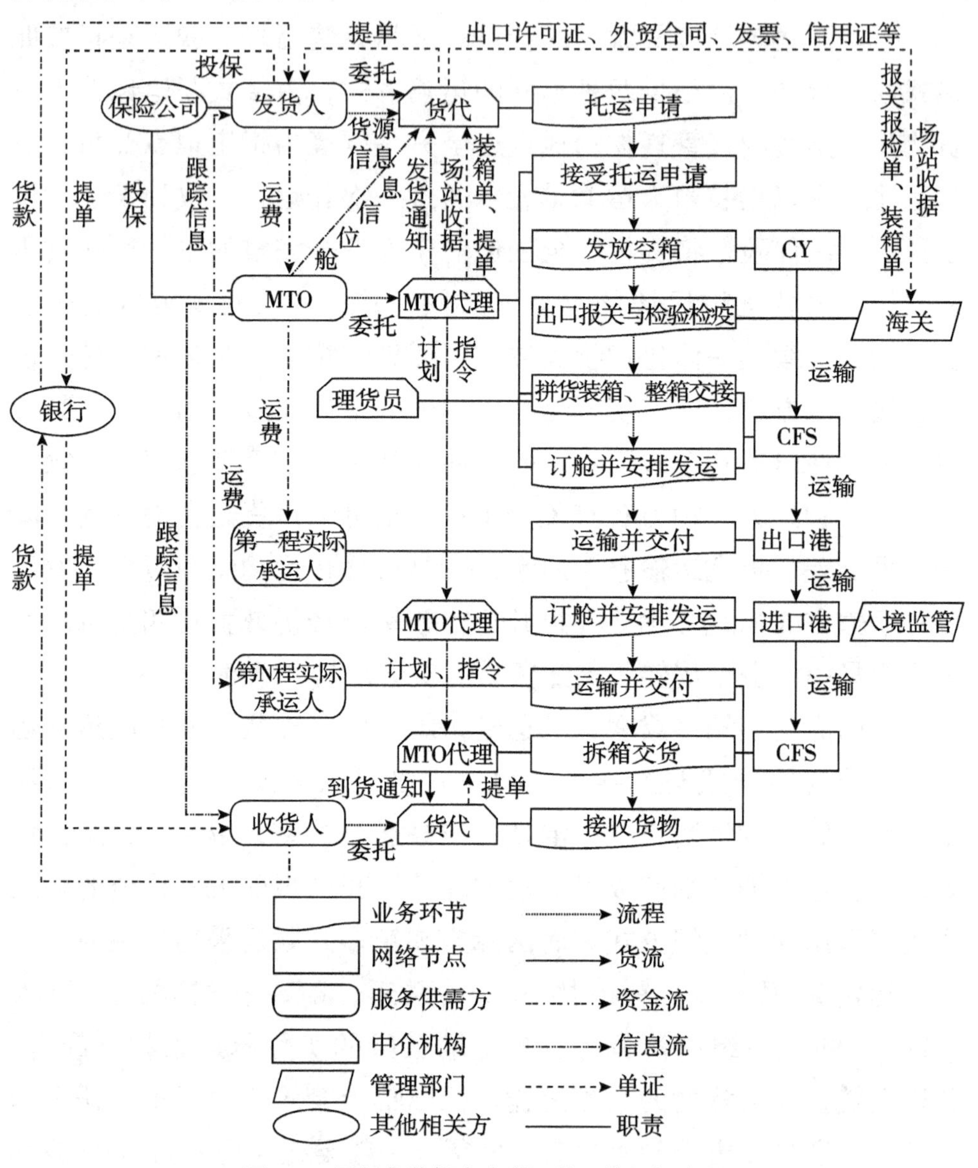

图 3-4　国际集装箱多式联运的运输组织流程

注：CY——集装箱堆场；CFS——集装箱货运站。

③国际集装箱多式联运组织的要素。在国际集装箱多式联运中，运输服务的需求方依然为货主方，而供给方不仅包括对全程运输负责的MTO，还包括完成各区段运输的实际承运人。由于国际集装箱多式联运涉及多个国家、地区和多种运输方式，仅凭MTO自身的经营网络很难覆盖全部运输节点，因此，代理人在这一运输组织过程中扮演着十分重要的角色，分布于世界各地的MTO代理人大大扩充了MTO的网络覆盖，为国际集装箱多式联运的顺利开展创造了关键条件。此外，国际集装箱多式联运运输链条长、环节多，跨越国界，并且交织着国际贸易的业务流程与风险责任，更加需要保险、银行等机构的专业服务和政府部门管理服务的支撑与保障。

（3）快递运输服务

①快递运输的特点。快递是一种利用快捷的运输方式，按照寄件人要求，将货物快速送达指定地点或交付指定收件人的一种个性化服务方式。快递业的兴起与现代商业经济的发展息息相关，国际贸易、电子商务等日益繁荣，催生了快递这一特殊服务需求，同时，交通运输、现代信息技术等蓬勃发展，也为快递服务的实现提供了支持保障。快递的标的物一般批量小、数量大、种类多、起始地与目的地分散，且物品对递送的时效、安全、可达等提出较高要求，因此快递运输应具备快速、可靠、灵活等特点，需要充分利用不同运输方式的技术经济特点，相互衔接配合，实现完整的递送过程。一般在长距离运输中多利用飞机等交通工具，发挥速度优势，近年来随着我国高速铁路逐步成网，利用高铁开展快递跨区域运输的业务也快速成长；在中短距离运输中则经常采用专用汽车等交通工具，兼顾速度与灵活性；在两端的取件与配送中，则更多依靠人力，实现服务的通达以及与客户的无缝衔接。

②快递的运输组织。经过多年的发展，快递服务模式不断创

新，产生了适应不同需求的多元化服务产品类型，形成了许多细分市场。快递服务按照递送时限可分为“当日达”“次晨达”“次日达”“隔日达”“限时达”“上午取件下午达”“下午取件次日达”等；按照递送区域可分为“同城快递”“城际快递”“国内快递”“国际快递”等；按照服务对象可分为传统邮政速递、电子商务配送、商业物流配送、直投广告递送等；按照付费方式可分为到付快递、预付快递等。对于不同类型的快递服务，其运输组织方式大致相同，如图3-5所示，但具体流程略有差异，如国际快递可能会增加报关等手续。快递服务的运输组织从获取订单开始，快递公司依据订单派员上门取件或由发货人自行前往收货点投递，快递公司将不同网点收取的货物集中至分拣中心，按照目的地、时间要求等进行分拣、包装，并按线路装车发运，如需航空中转，则向航空公司办理托运，货物到达目的地后，由当地集散中心按收货人所在区域进行再次分拣，并运至公司的各集散点，由集散点派员配送至收货人。

③快递运输组织的要素。快递服务的直接供给者是快递公司，一些大型快递企业能够独自完成包括干线运输在内，从起点到终点的全程递送服务。但是，对于大多数快递公司而言，由于受企业规模、实力等限制，其业务重点是快件的收取与派送以及一些主要线路上的公路干线运输，而对于航空运输等资金投入巨大、专业要求较高或者铁路运输等独立性较强的运输服务则采用向航空公司、铁路企业购买舱位、车皮的方式实现，还有一些业务量较小的线路，会使用公路运输企业的零担或整车货运服务。因此，航空公司、铁路和公路运输企业等成为快递服务的间接供给者。在与其他运输企业的业务往来中，快递公司就成为托运人，通常会委托代理人代为办理相关事宜，使中介机构参与到快递服务的运输组织之中。快递服务的需求者则更为多样，不仅包括工业、贸易、电子商务等各类

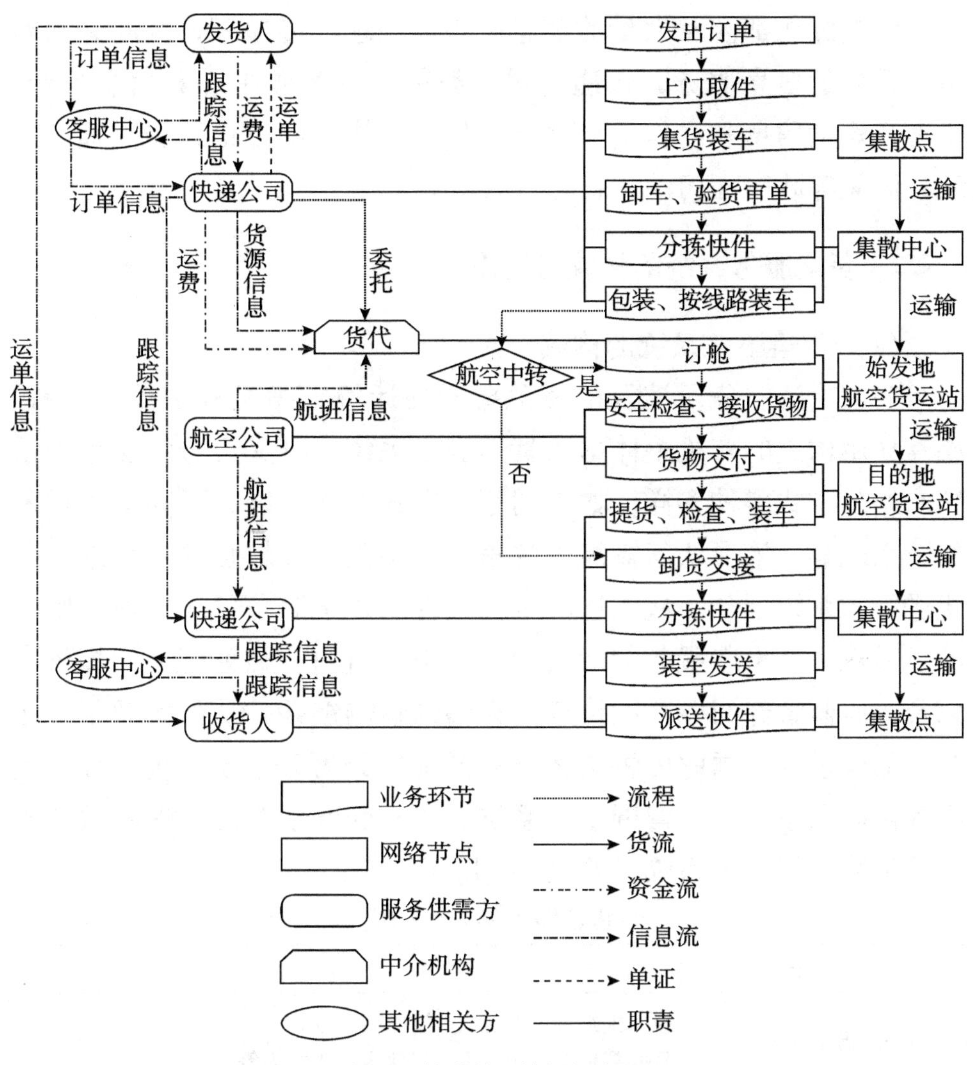

图 3-5 快递的运输组织流程

企业，也包括为数众多的自然人，他们在接受服务的过程中，始终只面对快递公司这一直接服务供给者。快递公司业务的开展高度依赖其配送网点的覆盖面与通达度，因此，多级多点的经营网络成为快递服务的关键性要素之一，目前快递公司主要采用直营店和特许经营两种模式拓展经营网络。由于快递服务从接受货物到运输中转直至终端配送都涉及大量的信息采集、处理、传递等，因此必须附带一系列的信息服务，快递公司一般都设有客服中心和信息平台，供客户查询信息和内部信息共享。另外，快递服务也接受交通、邮政、海关等政府部门的监管与行政服务。

3.4.2 货运服务系统的构成与运作

（1）货运服务系统的构成

完成货运服务所涉及的相关要素在运输组织过程中彼此联系、相互作用构成的有机整体即为货运服务系统，其又可分为多个子系统，划分方式多种多样，如不同运输方式的子系统、不同运输对象的子系统等。笔者从运输组织的角度，将关联性较强的要素进行集成进行子系统划分。从上述具有代表性的货运服务领域来看，服务的供需双方、承载服务的运营网络、中介组织、相关服务的提供者以及政府监管部门等共同构建了完整的运输链条，从而实现了货运服务的全过程。据此可将货运服务系统划分为五个子系统，分别是服务供需子系统、运营网络子系统、中介服务子系统、保障服务子系统和管理服务子系统，如表 3-3 所示。

货运服务系统的构成 表 3-3

子　系　统	要　　素
服务供需子系统	服务供给者：承运人、港站企业等； 服务需求者：托运人、发货人、收货人等
运营网络子系统	承运人的经营分支机构与业务网点； 覆盖运输节点的运输代理人业务网络
中介服务子系统	运输代理人、运输经纪人、报关员、理货员等
保障服务子系统	信息平台、金融机构、保险机构等
管理服务子系统	交通、海关等部门以及行业协会

①服务供需子系统。服务供需子系统是货运服务系统的核心子系

统，它包括服务供给者与需求者两大类要素。托运人、发货人、收货人等货主企业与个人是货运服务的主要需求者，承运人、港站企业等是货运服务的主要供给者。无论实际承运人还是无船承运人，都以向货主提供货物的位移服务并获取运输收入为根本，港站企业则为货物提供中转、装卸、存储、分拨等服务并获取相关费用，大多数情况下，其服务对象为公路、铁路、水运、航空等运输企业，而非直接针对货主，但其最终目的仍是实现货物的全程位移，为货主提供了间接服务。

②运营网络子系统。运营网络子系统是货运服务的支撑性子系统，所有运输组织活动均以该子系统为平台开展。货运服务的运营网络以承运人的经营分支机构和业务网点为主体，如航运企业设立于境内境外的分公司与代表处、公路运输与快递企业的货物集散点等，同时也包括其他为承运人提供业务支撑的网络，如港口、机场所在地的运输代理企业业务网络。也就是说，货运服务的运营网络子系统并非也不必完全由承运人自行建立和独立运作，可以借助各类合作伙伴的运营网络实现业务更大范围的拓展与覆盖。

③中介服务子系统。尽管并非所有的货运服务都有中介机构参与其中，但随着运输专业化程度的提高和服务内容的多元化，特别是多式联运与国际运输的发展，中介机构的作用日益凸显，各种代理人、经纪人为货运服务供需双方提供了大量信息服务、揽货订舱、运输工具租赁、报关报检、理货拼箱等专业性服务，不仅搭建了二者之间沟通的桥梁，而且简化了手续，提高了效率，也拓展了业务与网络规模。因此，中介服务子系统是货运服务系统十分重要的子系统之一。

④保障服务子系统。货运服务是实现物的流动，但由于运输需求本身是派生性需求，在此过程中必然伴随着资金流、信息流，并且随着货物的移动，产生了责任的转移、环境的变化和不确定性的增强，这就要求在满足货运服务需求的同时，还要提供更多附加服

务，如金融服务、保险服务、信息服务等，以保障货运服务的顺利完成。上述服务的供给者构成了货运服务系统的保障服务子系统。

⑤管理服务子系统。货运服务系统还应包括管理服务子系统，主要涵盖货物运输的行业主管、海关等部门以及各类交通运输行业协会，他们不仅要对货运服务市场与运输组织的各个环节进行监管，而且要为其他子系统提供行政服务，并研究制定政策、法规、标准，促进市场的繁荣与产业的健康发展。

（2）货运服务系统的运作

货运服务系统的运作是指系统内相关要素相互作用，生产出运输服务产品的过程。从上述典型货运服务的组织流程，可以总结出货运服务系统的一般运作模式，它以服务供需子系统为核心，买卖双方达成交易，形成运输市场，并以运营网络子系统为平台，实现服务过程，其他子系统以提供附加服务的方式参与该过程，产出完整的运输服务产品，如图 3-6 所示。

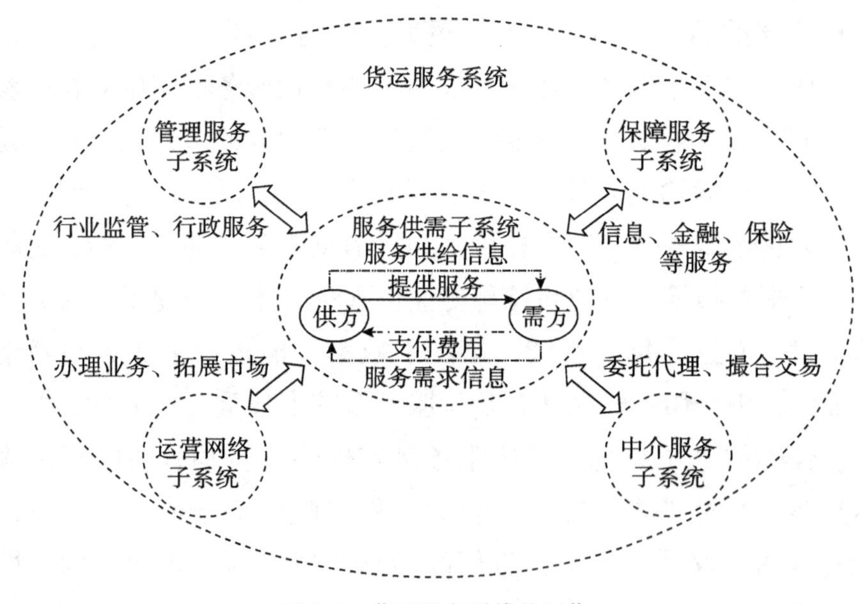

图 3-6　货运服务系统的运作

①服务供需子系统的运作。服务供需子系统中的需求与供给活动是推动整个货运服务系统运作的动力源，也是整个系统中最核心的关系。在不同运输领域，供需市场结构与分布存在较大差异。如在国际大宗物资运输中，供给方与需求方都较为集中；在公路零担货物运输中，双方都较为分散；而对于国际集装箱多式联运、快递运输服务等，则是供给方相对集中，需求方较为分散。再如国际海运相比于公路运输，市场覆盖范围更为广阔。基于不同的市场结构与分布，运输组织的方式也不尽相同，在集中度较高的市场上，供需双方更易于直接对接，在产品简单、分布紧凑的市场上，供给者也更有可能以独立完成全程运输组织的方式提供运输服务。但无论何种情况，双方首先要沟通供给与需求信息，经历询价议价后订立运输服务合同，供给方负责按合同要求完成货物的位移，需求方负责支付运费。

②其他子系统围绕服务供需子系统的运作。随着运输市场日趋开放和产业发展，参与市场的主体数量增多、服务需求多元化、市场范围扩大，供需子系统的运作越来越依赖于其他子系统的协作与支撑。首先，运输服务供给者需要更大范围的运营网络，以便拓展市场和追求规模经济。承运人以自身的经营网络为核心，与货代、船代等代理人网络通过运输节点和市场相互衔接，形成运营网络子系统，并依托该系统办理货物始发、终到、分拨运输、中转换装等业务。其次，代理人也依托自身的经营网络形成了货物运输的中介服务子系统，通过为货运服务的供需双方对接信息、撮合交易、代为办理相关手续和提供业务咨询与专业服务等，极大提高了运输效率与服务水平，优化了资源配置，改善了供求关系。再次，保障服务子系统为货运服务的供需双方提供附加于货物位移之上的其他服务，这些服务在市场经济与全球化背景下作用日益凸显，有些甚至与货物的位移密不可分，如海运中的保险服务、国际集装箱多式联

运中发货人凭 MTO 签发提单提前至银行结汇的服务等。此外，管理服务子系统要为供需服务子系统的正常运转创造规范有序、公平公正的市场环境，并完成与货物运输相关的行政业务。

3. 5 货运服务系统对产业组织的影响

3. 5. 1 货运服务系统构成与产业组织框架的关系

在产业组织框架中，构成市场的两大要素为卖方与买方，其数量多少、力量对比等是决定市场结构的重要因素；在一定的市场结构下，卖方企业会采取相应的市场行为，包括竞争行为与协调行为等；市场结构与市场行为影响市场绩效，体现为产业内的资源配置效率、行业利润水平、技术进步状态等，如图 3-7 所示。具体到货运服务产业，承运人与货主是运输市场中最主要的卖方与买方，也是货运服务系统核心子系统——服务供需子系统中的供给方与需求方，在双方开展交易的过程中，中介服务子系统中的代理人、经纪人等介入其中撮合交易或提供服务，其可以代表卖方，也可以代表买方，或者充当第三方，其数量和实力对货运服务业的市场结构将产生重要影响；在这一市场结构下，作为卖方的承运人或其代理人采取的市场行为同样有竞争行为与协调行为等，但这不仅包括同一方式，也包括不同方式间的行为关系；对于市场绩效的评价，从资源配置效率角度，是对经营网络、运力等资源使用权而非所有权的配置效率，从利润水平角度，主要取决于网络规模经济性，从技术进步角度，主要源于不同运输方式、不同运输环节的专业化分工和承运人及其代理人以及保障服务子系统中相关各方的增值服务，如图 3-8 所示。

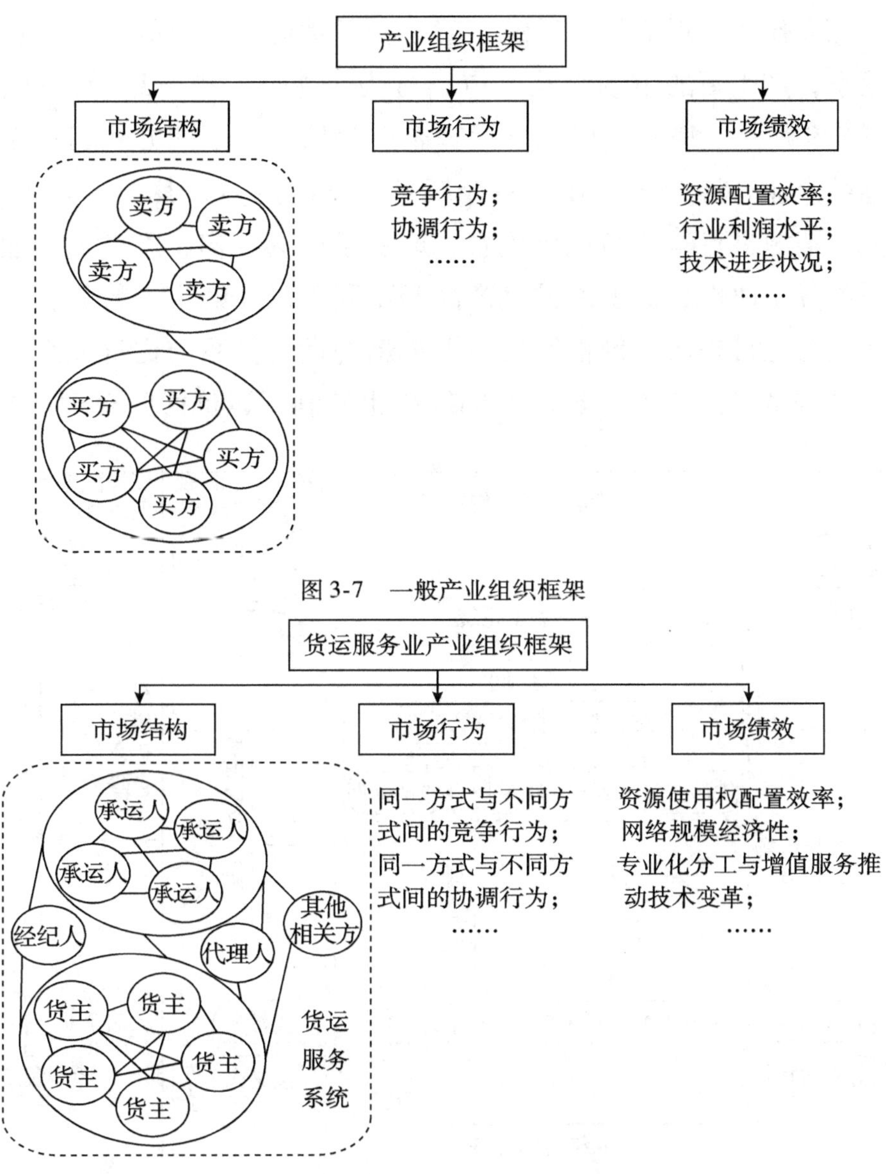

图 3-7　一般产业组织框架

图 3-8　货运服务业产业组织框架

3.5.2　货运服务系统运行推动产业组织变革

货运服务系统的构成要素是客观存在的，当这些要素彼此联系、相互作用，形成一个系统，就改变了货运服务业既有的产业组织状态，产生新的市场结构、市场行为，并带来市场绩效的变化，如图3-9所示。第一，以综合运输企业为核心，不同方式运输企业与港站企业开展分工协作，中介服务子系统也参与其中，对运力、货源等资源进行整合与优化配置，改变了市场结构；第二，企业开始采取分工协作、提供差异化产品等不同于以往的市场行为，新的产品策略也带来新的价格策略，形成新的运价体系与比价关系，同时管理服务子系统对市场环境的维护也有利于运价回归合理水平，

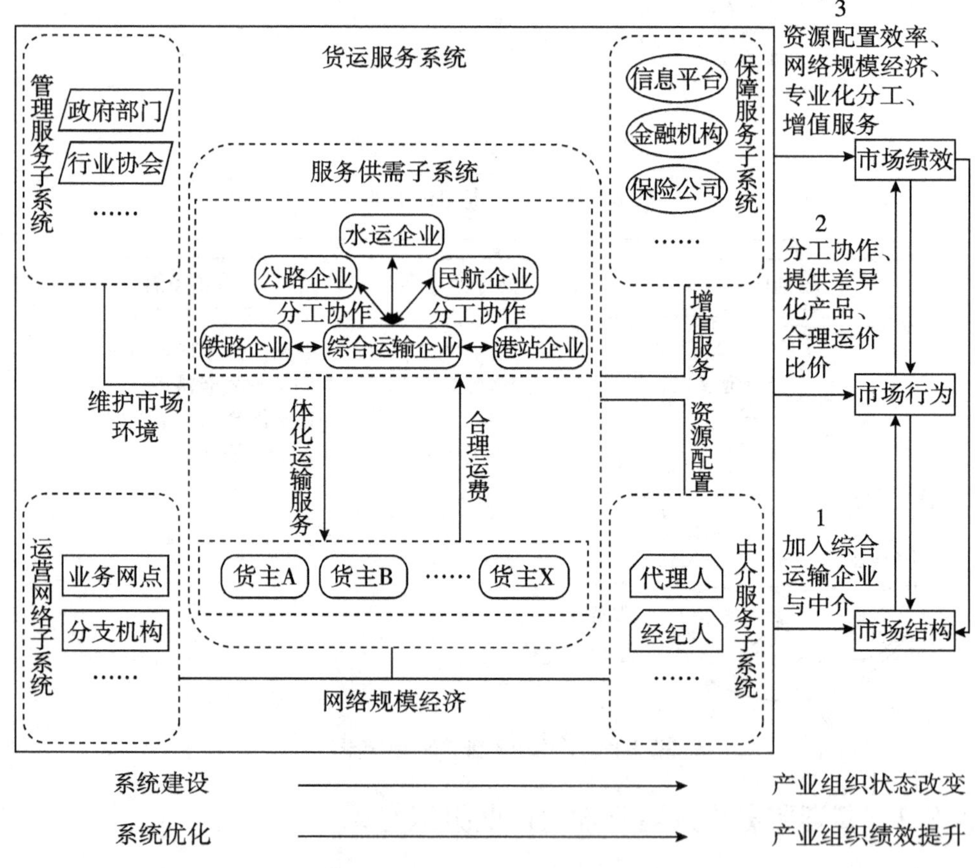

图3-9　货运服务系统运行对产业组织变革的影响

改变了市场行为；第三，无论是运输企业按照优势分工，还是中介服务系统的作用都提高了货运服务业的资源配置效率，运输企业之间、运输企业与中介机构之间共建共享服务运营网络，实现了网络规模经济效益，而中介服务子系统提供的专业化服务和保障服务子系统提供的增值性服务都促进了产业的技术进步与产品创新。在货运服务系统运行过程中，市场结构、市场行为与市场绩效改变了原有状态，又如前文所述，互相影响，从而推动产业向前发展。总之，货运服务系统的构建，将形成新的产业组织状态，而货运服务系统的优化将不断提升产业组织绩效水平。

3.6 构建货运服务系统的思路与建议

3.6.1 以调节供求关系为核心建设服务供需子系统

建设服务供需子系统是构建货运服务系统的关键。服务供需子系统的正常运行依赖于供求关系的均衡发展，这种均衡状态能够在市场机制的调节下自动达成。由于不同运输领域有其各自特点，市场中服务的供给者、需求者在数量、分布、构成方面具有明显差异，不可能形成统一的市场结构。因此，调节供求关系不应致力于改变市场中供需双方各自的实力或者力量对比，特别是不应将市场集中度作为目标，一味追求运输服务企业的规模无限扩张和资源过度集中，而应以完善市场准入与退出机制为前提，以市场需求为导向，既培育具有资源整合能力、能够提供一体化运输服务的综合运输企业，也支持专业化运输服务企业的发展，鼓励不同类型的企业合理竞争、分工协作、提高服务水平，做到大而强、小而精。此外，还应建立供需双方顺畅的信息沟通机制与交易平台，消除信息不对称造成的供求关系失衡，提高服务供需子系统的活力。

3.6.2 依托中介服务与运营网络子系统实现规模经济

货物的位移与运输组织需要在网络上实现，运输服务的规模经济很大程度上依赖于网络的覆盖范围，因此，运输服务的供给者需要不断拓展运营网络，以获取规模经济，但这也意味着较大的资金压力、沉没成本与市场风险。应对这一问题，可以通过运输企业之间加强合作，结成战略合作伙伴，共建共享运营网络，但在当前货运市场激烈的竞争格局中，这种合作关系很难达成并长期维系。而中介服务子系统在这方面却能够充分发挥作用，运输服务的供给者可以借助遍布全球的中介机构，实现自身的业务拓展，运输服务的需求者也可委托中介机构办理相关业务，获得更加专业的服务，而作为中介机构则可以凭借集中起来的需求与供给获得更强的议价能力，并通过复制专业服务实现自身的规模经济。因此，应大力建设中介服务子系统，在此基础上拓展运营网络子系统，使货源信息与运力资源在系统内汇集，运输服务在网络上延展，以此实现货运服务业的规模经济。

3.6.3 强化保障服务子系统的支撑性作用与增值服务功能

保障服务子系统所提供的服务并不是传统货运服务的内容，但在现代交通运输发展中却发挥着越来越重要的作用，甚至是不可或缺的。建设保障服务子系统重点是利用其他行业的服务资源，与运输服务相结合，形成有助于改善运输组织、提高运输效率和提升服务水平的新产品，主要包括建设物流公共信息平台与专业化交易平台，开发适应不同运输领域行业特点的保险业务，提供贸易与运输无缝对接的金融服务，探索构建货运服务第三方支付的结算平台等。通过保障服务子系统建设，对服务供需子系统形成有力支撑，使货运服务系统具备更多增值服务功能，促进产业的服务创新与技术进步。

3.6.4 理顺管理服务子系统的要素关系与职责

管理服务子系统的构成要素为政府部门与行业协会，其职责在于监管，更在于服务，其关注的重点应是货运服务业中企业的市场行为，而非市场结构本身。在管理服务子系统中要形成有利于各种运输方式发挥自身优势和相互衔接配合，有利于建立跨区域、跨行业统一大市场的管理与协调机制。政府负责完善市场环境和提供必要的行政服务，发挥市场配置资源的决定性作用，形成透明的价格体系和合理的比价关系，充分调动行业协会的积极性，加强行业自律与企业互助，建立和完善货运与代理企业分级分类资质与信用评估体系，为货运服务系统的健康运行创造有利外部条件，为货运服务产业的发展壮大营造良好市场环境。

本章参考文献

[1] 中共中央马克思恩格斯列宁斯大林著作编译局译．马克思恩格斯全集（第26卷）[M]．北京：人民出版社，1979.

[2] 马克思．资本论（第一卷）[M]．北京：人民出版社，2004.

[3] 亚当·斯密．国民财富的原因和性质的研究（上卷）[M]．北京：商务印书馆，2008.

[4] 萨伊．政治经济学概论 [M]．北京：商务印书馆，1997.

[5] 李江帆．第三产业经济学 [M]．广州：广东人民出版社，1990.

[6] 李江帆．服务产品理论及其现实意义［J］．教学与研究，2002（2）：27-32.
[7] 黄维兵．现代服务经济理论与中国服务业发展［D］．成都：西南财经大学，2002.
[8] 刘成林．现代服务业发展的理论与系统研究［D］．天津：天津大学，2007.
[9] 李忠民，纪涛，姚昕．服务经济理论与服务产业发展研究进展：一个研究综述［D］．西安：陕西师范大学国际商学院，2009.
[10] 郭雪．运输服务定价理论与方法研究［D］．西安：长安大学，2008.
[11] 陶维号．运输服务产品整体概念浅析［J］．综合运输，1999（7）：15-16.
[12] 荣朝和．从运输产品特性看铁路重组的方向［J］．北方交通大学学报，2002（1）：13-18.
[13] 程世东．一体化运输服务市场体系构架研究［J］．综合运输，2010（2）：28-31.
[14] 樊桦．综合运输服务体系研究［J］．综合运输，2010.
[15] 吴今培，李学伟．系统科学发展概论［M］．北京：清华大学出版社，2010.
[16] 张国伍．交通运输系统工程创新与发展［M］．北京：北京交通大学出版社，2008.
[17] 陈觉．面向大批量定制的服务系统设计研究［D］．杭州：浙江工商大学，2008.
[18] 彭丽芳．基于价值链方法的服务系统创新分析［J］．福建大学学报，2008（5）：33-38.
[19] 卢国红．从市场营销的角度看服务系统［J］．焦作大学学报，2009（1）：66-67.
[20] 李豪杰．论体育医疗服务系统——价值论证与系统建构［D］．北京：北京体育大学，2004.

[21] 李永捷.2008 中国就业服务系统的构建研究［D］. 成都：电子科技大学，2008.

[22] 周慧. 面向产业低碳发展的金融服务系统及传导机制研究［D］. 天津：天津大学，2011.

[23] 张盛良. 甘肃省机械科学研究院技术创新服务系统研究[D]. 兰州：兰州大学，2010.

[24] 邢玉婷. 机床产业科技服务系统的功能及运营［D］. 沈阳：沈阳工业大学，2011.

[25] 童明荣. 城市物流系统规划研究［D］. 南京：南京理工大学，2009.

[26] 杨晓雁. 区域物流系统效应分析［D］. 上海：上海社会科学院，2010.

[27] 彭辉. 综合交通运输系统理论分析［D］. 西安：长安大学，2006.

[28] 赵旭. 现代物流理念下的交通运输系统资源整合方法研究［D］. 大连：大连海事大学，2007.

[29] 林建清. 现代航运物流系统的整合研究［D］. 上海：华东师范大学，2003.

[30] 于春荣. 公路运输系统的经济分析与评价［D］. 长春：吉林大学，2008.

[31] 刘涛. 环渤海地区海陆客货滚装无缝运输系统研究［D］. 大连：大连海事大学，2008.

[32] 裘永平. 超大型集装箱船运输系统协调发展研究［D］. 大连：大连海事大学，2008.

[33] 穆毅. 陕西省道路运输服务系统研究［D］. 西安：长安大学，2006.

[34] 张育辉. 工程项目物资运输系统研究［D］. 大连：大连海事大学，2011.

[35] 初良勇. 我国水上石油物流系统与分拨运输网络研究［D］. 大连：大连海事大学，2007.

[36] 刘莉. 长江流域水路铁矿石运输系统研究［D］. 上海：上海海事大学，2007.

[37] 高婷. 长江汉申段水路集装箱运输系统研究 [D]. 武汉: 武汉理工大学, 2007.

[38] 林广潮, 李伊松. 现代物流与铁路货运服务系统 [J]. 铁路技术监督, 2004 (10): 29-30.

[39] 郑燊, 陈川. 上海黄浦江客运服务系统概念规划 [J]. 交通与运输, 2007 (B07): 14-16.

[40] 苏东水. 产业经济学 [M]. 2版. 北京: 高等教育出版社, 2005.

[41] 罗霞. 交通产业结构 [M]. 北京: 人民交通出版社, 2010.

[42] 国家发展和改革委员会经济体制与管理研究所. 我国综合运输企业发展对策研究 [R]. 2011.

4 现代物流产业组织下的货运服务系统优化

「内容提要」

上一章研究指出通过整合现有要素和引入新的要素构建系统能够改变货运服务业的产业组织形态，是传统运输适应现代物流产业组织的发展方向，在此基础上，还需要探讨如何使系统达到更好的运行状态，以不断实现传统货运的效率提升和服务改善。本章梳理总结了系统优化的相关理论与方法，以及在运输服务领域系统结构的剖析方法、优化目标的确定和优化路径的选择等。而后研究提出货运服务系统优化的目标是为了更好地满足经济社会发展所产生的货运服务需求，而用于满足这一需求的“产品”是由货运服务系统中的要素按照一定的方式进行组织“生产”出来的，因此，调整要素的组织方式可以“生产”出更符合需求的运输服务“产品”，即实现了系统优化。由于开展要素组织的是不同的经济管理主体和市场主体，他们在不同的关系状态下会产生不同的要素组织方式，因此，系统优化的根本手段是调整要素主体之间的关系，也就是产业组织的变革。

4.1　关于运输服务系统优化的相关研究

运输服务系统优化是针对完成运输服务所涉及的相关要素在运输组织过程中彼此联系、相互作用构成的有机整体，采用系统科学的理论与方法，从系统整体性出发，通过分析与综合、分解与协调，准确处理不同要素之间、局部与整体之间的辩证关系，科学地把握系统，使其达到整体优化的过程。近年来，随着我国交通运输业发展的重点开始由高速建设转向提升服务，运输服务的效率、效益等问题开始受到各方关注，围绕不同领域运输服务系统优化问题的研究广泛开展，并形成了较为丰硕的研究成果。

4.1.1　系统优化理论与方法

20 世纪中叶，随着人类社会的复杂性、学科之间的互补性和知识的统一性逐渐被人们认识，系统科学应运而生，许多相互关联、相互依赖的个体被作为一个系统进行研究，通过统筹兼顾、合理安排使其实现特定功能。近年来，系统科学发展迅猛，它被用于处理现实世界中的各种问题，包括组织、计划、指挥、协调、预测、控制、决策等，而处理这些问题的过程就是在寻找最优解的过程，即系统优化。通过设定参数、准则和要求，建立数学模型，获得初始参数方案，然后对该方案进行优化，计算最优方案并进行评价，若评价为最优解则输出结果，否则调整参数方案，继续计算，直至最终评价为最优，如图 4-1 所示。系统优化不仅要求实现的目标是系统总体最优，而且要求实现目标的方法或途径也是最优的。按照上述“一个系统、两个最优”的原则，形成了内容丰富，分支繁多的系统优化理论体系。

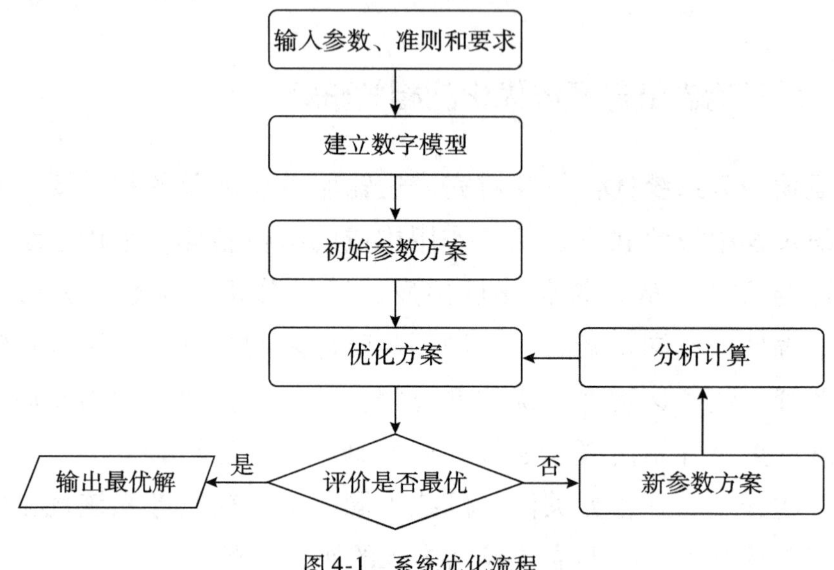

图 4-1 系统优化流程

（1）经典优化方法

经典优化方法主要包括线性规划、二次规划、整数规划、非线性规划和分支定界等运筹学的传统方法，其基本思想是把系统的制约因素和要实现的目标概括为联立约束条件和目标函数的数学方程并求解。目前，经典优化方法已经形成了相对完善的理论体系，并广泛应用于经济、社会、科技等领域，是解决目标函数连续可微的系统优化问题最简便、最常用的方法。但是，经典优化方法具有收敛性问题，对于多模态、不连续或不可微的优化求解问题，常常收敛到非全局最优解或局部最优解状态，无法用于解决多目标优化、组合优化以及大规模优化等问题。

（2）智能优化方法

智能优化方法是通过模拟或揭示某些自然现象或过程发展而来的，是当前人工智能应用于系统目标函数优化问题求解的一个重要领域。目前开发出的面向应用的智能优化算法主要包括遗传算法、免疫算法、微粒群算法、蚁群算法等。智能优化方法具有全局的、并行高效的优化性能，鲁棒性和通用性强，适用范围非常广泛，特别适用于大规模的并行计算。但由于它是一种新兴的算法，相对于其鲜明的生物学基础，智能优化方法的数学基础较为薄弱，相关基础理论研究还有待深化。

(3) 满意优化方法

满意优化方法对优化理论本身进行了改进，以满意的内涵代替了最优的内涵。“满意准则”最初由美国经济学家赫伯特·西蒙(Herbert Alexander Simon)根据人为事物（人为系统）的特征提出，取代了传统意义上的最优准则，用于阐述大量经济社会问题中的有关预测、决策、计划和规划的方法论问题，把人们从纯理性思维的研究方式带到了一个有限理性的状态，为解决系统优化问题开辟了崭新的途径。满意优化方法不仅包容了最优化原理，而且也适用于知识获取、人工智能、模式识别、管理工程及可靠性等领域。目前，该理论处于不断发展和完善之中，还存在着较大的研究空间。

4.1.2 交通运输系统优化问题

(1) 交通运输系统工程理论

美国麻省理工学院马哈姆教授在《运输系统分析基础》一书中指出交通运输是一个系统，需要运用系统科学理论来研究，并较完整地介绍了交通运输系统理论及其分析方法。

北京交通大学张国伍教授（1980）受钱学森系统科学思想的影响，提出将系统科学和运输管理科学相结合，创建“交通运输系统工程”新学科，并在国家重要交通工程项目研究与实践的基础上，进一步总结出交通需求、综合交通网络流、运输通道与优化、交通枢纽、交通信息化、交通评价与优化、交通结合部管理、有效系统管理等交通运输系统工程学八大理论问题，为我国交通运输系统优化研究奠定了坚实的理论基础。

（2）综合交通运输系统理论

美国国家综合运输中心提出："综合运输是一种对运输系统进行规划、建设、运营的方法，强调运输资源的有效利用和方式之间的衔接。"

欧盟对综合运输系统的阐释是："各种运输方式能够整合到门到门的运输链之中，并显示出各自合理的内在经济特性和运营特性，以提高系统整体的效率。"

我国学者陈汝龙（1989）阐述了交通运输系统层次结构的概念，从运输特性角度分析了综合运输系统的地位和作用，对运输系统与环境、能源系统的关系进行了初步分析，并初步建立了综合运输评价体系。

沈志云院士等（1998）以五种运输方式作为主要研究对象，以综合运输体系的发展建设为目的，分析了综合运输体系的结构、布局规划及合理配置，并对城市交通运输系统进行了分析。

王庆云教授（2002）论述了随着社会经济发展和人类社会科技进步，综合交通运输体系的形成与演进过程，并分析了综合交通运输体系的功能与作用及其建设与发展。

胡思继教授（2005）从综合运输发展、综合运输系统、综合运输规划和综合运输运营四个方面，对综合运输进行了系统研究，并分析了综合运输的特性及其与社会经济、资源环境的关系。

彭辉博士（2006）基于综合交通运输系统的复杂性，在建立了系统分析架构的基础上，主要针对区域综合运输系统，并区分外部系统与内部系统，重点对综合交通运输系统需求、结构、通道、枢纽等若干专题进行了研究。

(3) 交通运输系统优化理论

于春荣(2008)以经济性为切入点，分别从运输者微观的角度，分析最短时间路径评价的方法和过程，从宏观的角度，评价公路建设总量与地区结构的经济合理性，以解决公路运输系统的优化问题。

樊一江(2009)把交通运输系统作为一个典型的经济系统分析其结构优化机制，描绘了如图4-2所示的交通运输系统发展及结构优化机制示意图。他认为在交通运输系统结构优化过程中，经由主体行为作用的优化动力机制尤为重要，该动力机制既决定交通运输系统经济主体的行为方式与行为重点，也影响着交通运输系统经济主体对于结构优化的作用效果，进而也决定了交通运输系统结构优化愿景目标的最终实现。

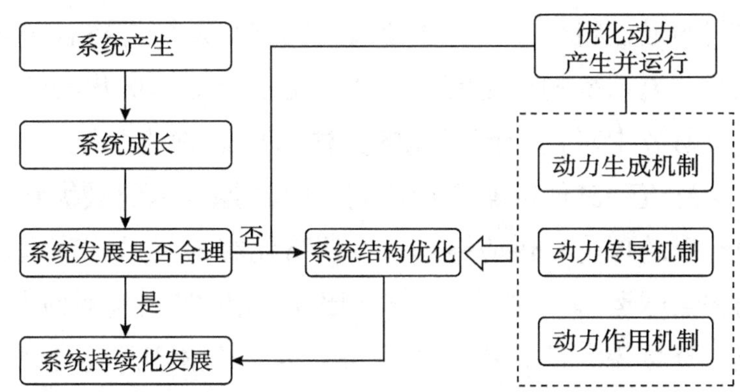

图4-2 交通运输系统发展及结构优化机制示意图

刘琳琳(2010)在综合考虑了运输成本、中转成本、运输时间及中转时间的基础上，建立了以成本最小为目标的优化模型，对交通运输中多式联运协同优化问题进行了研究。

张欣、张秀媛、邹迎等(2011)以北京市公共交通系统为对象，研究了综合公共交通系统的优化组织和协调运营问题，提出了基于既有地铁线路运营组织特点和站点空间分布的公交接驳换乘运输组织优化方案。

刘细良和秦婷婷（2011）则以低碳经济为背景，从确定交通模式、构建低碳指标、科学管理和强化引导等方面，探索优化长株潭城市群交通系统的发展，以支撑全国“资源节约型”和“环境友好型”社会建设综合配套改革试验区构建低能耗、低物耗、低污染、低排放、高效能、高效率、高效益的绿色经济发展模式。

4.1.3 运输服务系统优化问题

（1）不同运输方式的服务系统优化问题研究

①水路运输服务系统优化。周裕良和陈祖亮（1998）将投资、成本、经济效益、社会效益、环境保护等作为判定指标，运用系统优化管理技术，寻求内河运输系统中船舶、航线、运距、港口、货物等诸要素之间的最佳组合方案。林建清（2003）从资源整合的角度研究了现代航运物流系统的优化问题。他运用系统工程优化的数学模型和方法，以及财务中对资金流优化的方法对航运物流系统中的物资流、资金流、信息流和其他因素进行研究，使其各自达到最优状态，然后综合运用价值链理论、供应链理论、网络化客户关系管理理论、企业资源规划和全球运筹管理理论、规模经济理论等现代系统整合理论，将物资流、资金流、信息流等集成整合成一个相互联系、相互影响、有机结合的联合体，通过协调整合航运物流系统的各个部分达到整个系统整体上的优化，即通过局部的最优来实现整体的最优。

②航空运输服务系统优化。文可（2005）在定义并分析了航空资源三大要素——机场、航线、运力的基础上，建立了航空资源的评估指标，并利用航空资源数据，规划设计了枢纽辐射运输系统，实现了航空运输的系统优化。王志清（2006）以系统工程理论为基础，提出民航旅客运输“便捷工程”，运用系统优化的思想和方法，在对航空运输旅客需求以及民航运输系统结构和环境进行分析的基

础上，归纳出民航现行运输生产和服务系统内各环节存在的问题，从旅客出行快捷、舒适的角度出发，通过对相关要素的不断调整和改进，使整个系统得以更快捷、高效、顺畅地运转，促进行业整体管理水平和服务水平上升到新的高度。

③公路运输服务系统优化。穆毅（2006）将陕西省的道路运输服务系统进行了国内与国际比较，从运输工具、运输组织、信息化、服务质量、政策与市场管理等方面，提出了系统优化的对策与建议。吴岚和陈方红（2008）建立了一套综合性的评价体系，从基础设施水平、运输组织化程度、信息化程度、服务水平、安全质量等五个方面，对公路快速客运系统进行了评价，通过评价，发现问题，以便对系统进行优化。

（2）不同服务对象的运输服务系统优化问题研究

①大宗物资运输服务系统优化。张文桥（2006）以现代企业的生产方式由批量生产转向精细的准时化生产为背景，探索了一套解决煤矿供应物流问题的规则，对物料需求计划、采购、库存控制、物资配送、回收物流、废弃物流、供应物流成本控制等体系进行了优化。赵嘉（2006）将系统优化思想应用于进口铁矿石配送领域，提出在我国主要港口建立铁矿石物流配送中心，承担运输与堆存任务，建立起信息管理系统的优化思路，并研究了我国进口矿石配送中心布局、规模以及管理模式等问题。鹿应荣（2007）研究了粮食物流系统的优化问题，他将粮食物流系统定位为具有层次结构的可分系统、大跨度系统、动态系统、复杂系统、多目标系统和“人—机系统”，构建了粮食物流系统供应链模型，对其功能要素、支撑要素、物质基础要素进行了系统分析研究，提出了粮食物流系统的技术体系，在此基础上对粮食物流网络布局和配送车辆路径进行了优化，并依据产业组织理论的“结构—行为—绩效”分析模式

(SCP 模式)，对粮食物流的市场结构、企业行为、政府行为进行了重点分析，从统筹协调、资源整合、投资多元化、整体协调、结构布局调整、人才培养、新技术研究与应用等方面入手，提出了促进我国粮食物流产业发展的政策建议。

②集装箱运输服务系统优化。目前对集装箱运输服务系统优化的研究多是基于成本角度，通过优化运输系统，实现总成本的有效控制和进一步降低。梁博伟（2006）将集装箱运输服务系统作为一个子系统置于整个物流大系统之中，在对两种不同的系统目标和约束条件进行对比分析研究基础上，探索了系统的层次分析与优化路径。张鹏（2006）研究了港口集装箱运输网络的优化问题，分析了全球集装箱运输网络化与船舶大型化的发展趋势，认为集装箱运输势必向全球网络总成本最低的方向发展，进而以体现大型集装箱船的规模效益为前提，以实现全球集装箱运输网络的总成本最低为目标，通过引入人工智能仿生的蚁群优化方法，寻找解决集装箱运输网络最大径流最小费用流这一非线性优化问题的有效途径，研究成果为港口集装箱运输网络系统的统一决策调配提供了更充实的参考依据。裘永平（2008）同样从成本角度出发，建立了基于成本最小的网络模型，对班轮运输网络进行优化，以期通过各班轮公司对船舶的合理安排，实现集装箱运输网络的最大成本效率。

③其他货物运输服务系统优化。除了上述领域，许多学者还对农业生产、加工制造、商业贸易等领域涉及的各种货物运输服务系统优化问题进行了研究。杨启成（2008）采用“先分散，后集成”的系统优化设计理念，对卷烟生产物流系统进行了优化，即先满足生产制造部门、营销部门、采供部门及回收部门对卷烟生产物流系统的个性化需求，然后在此基础上，考虑各子系统之间的协同性、匹配性以及生产物流系统与企业各部门的集成性，完成系统的整体

优化。卢晓筠（2008）通过对某省邮政局业务处理流程的分析，得出该局运输系统网络运行中存在的问题，提出优化的重点和薄弱的邮路环节，有针对性地进行系统优化。陈薇、杨春河（2012）将波特的价值链理论移植到农产品物流系统研究当中，逐一考虑农产品物流价值链上的各个环节，通过物流资源整合与重新配置，使其在农产品流通过程中获得最大报酬，从而实现系统的优化。

（3）不同空间范围的运输服务系统优化问题研究

①城市运输服务系统优化。邓爱民（2005）从系统角度研究了不同典型形态的城市配送网络系统，在分析了系统优化各种影响因素和由供应商、配送商、客户三级组成的各类网络系统特点的基础上，从系统配送成本最低的角度，建立了城市配送网络系统优化模型，揭示了各类参数与配送系统成本的定量化关系，体现了三级配送供应链集成的思想。常峰波（2005）认为城市物流系统优化就是通过规划手段对城市物流系统进行控制，他分析了城市物流系统的分级递阶控制结构，并根据这种控制结构得出城市现代物流系统规划的要素，即基础设施要素、信息平台要素和政策要素，针对不同物流组织模式对城市物流系统空间布局提出的不同要求，对城市物流系统进行优化。

②区域运输服务系统优化。胡志华（2005）研究了区域物流系统中存储和运输子系统的优化问题，通过对区域物流的存储和运输子系统进行分析后，提出物流区域划分时，应当注重交通运输网络的特性，并论证了运输管理是物流企业最可行、最易控制和效果最明显的优化管理途径。况漠（2012）立足于区域物流的核心竞争力、促进区域产业结构升级和支持区域经济可持续发展，对既有区域物流资源与区域物流系统结构的整合度进行分析，研究了区域物流系统的结构与功能目标协同合理化的过程，并对区域物流市场与

治理结构子系统、区域物流网络子系统和区域物流供应链子系统的优化问题进行了深入探讨。

③国际运输服务系统优化。蓝庆新（2003）在物流全球化背景下，提出了我国对外物流系统的优化策略，包括以联运企业的网络经营改善物流系统的低组织化状态，促进运输代理国际化，实现地区物流系统与国际物流系统衔接，培育国际性的物流中心城市，与其他国家和地区政府加强合作等。周玉洋（2008）则以某国有企业为研究对象，运用相关的管理技术和优化分析工具，从系统整体利益最大化的角度优化其国际物流系统，通过合理分配和利用各种资源，实现物流活动的两大目标，即改善客户服务和降低物流成本。

4.1.4 货运服务系统优化的研究方向

一般系统优化思想与路径的方法论是研究货运服务系统优化问题的基本工具，特别是运用满意优化方法，对具有众多限制条件，而非假设理想状态下的货运服务系统进行优化，以求得客观和理性结果。关于交通运输系统和运输服务系统的研究剖析了与本书研究对象相似系统的内部结构与外部环境，并分析了系统运行机制，在此基础上，运用系统优化理论，探寻优化路径，其分析方法和研究成果均为本书提供了有益参考，也为本书从以下视角进一步拓展研究领域和开展深入研究奠定了基础。

（1）交通运输产业组织角度的服务系统优化问题

已有研究成果大多是从微观层面的具体运行角度来研究交通运输系统优化问题，即把实现运输服务的各类资源作为系统要素，把企业或经济社会效益作为系统优化目标，通过调节资源配置，实现系统优化目标。本书将从中观层面的产业组织角度研究货运服务系统的优化问题，即研究交通运输产业的市场结构、市场行为与市场绩效，通过分析市场结构确定系统构成，通过分析市场行为确定系统运行机制，通过分析市场绩效确定系统优化目标，在此基础上，研究产业组织状态的演变，探索货运服务系统优化的路径与方法。

（2）货运服务系统价值链优化分析

已有研究成果对交通运输或者运输服务系统的优化多是将其作为一个整体，研究输入端的控制和输出端的反馈，按照一定的系统优化方法，通过不断改进输入，获得系统的持续优化，最终实现优化目标，而这一优化目标也多是系统自身角度的成本最低或效益最大。但随着交通运输服务模式的创新发展和与其他产业的融合渗透，完成全过程货物运输服务涉及的环节越来越多，系统越来越复杂，构成一个环环相扣的价值链，每个环节创造的价值并不相同，且并非所有的价值都体现为交通运输产业本身的经济成本与效益。因此，本书试图研究货运服务系统的价值链构成，分析不同环节价值此消彼长的变动关系，寻找创造价值的一个或多个“关键环节”或“战略环节”，实现系统的最优价值。

4.2 货运服务系统建设与优化的关系

4.2.1 货运服务系统建设与优化均以产业组织变革为核心

货运服务系统是指完成货物运输服务所涉及的相关要素，在运输组织过程中彼此联系、相互作用构成的有机整体。上一章分析了几种典型的货物运输组织流程与服务模式，将这一过程中的所有要素进行了分类和集成，形成服务供需、运营网络、中介服务、保障服务和管理服务五大子系统，在此基础上构建了货运服务系统的总体框架。由于在产业融合发展的背景下，货运服务业已经与多个产业相互渗透，如果有目的性地跨产业进行要素整合和系统建设，将改变货运服务业的市场结构与市场行为，进而影响市场绩效，实现整个产业组织的变革。如图4-3所示，系统建设是一个整合和健全要素，并在要素之间建立关系的过程；系统优化是改善要素的组织方式，使整个系统呈现更佳状态，从而“输出”更好“产品”的过程。在系统建设的基础上进行系统优化将进一步推动货运服务产业组织向期望方向变革。

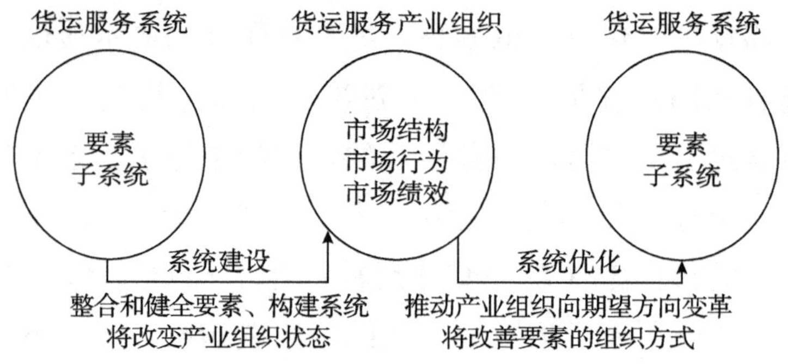

图4-3 以产业组织变革为核心的货运服务系统建设与优化

4.2.2 货运服务系统建设到系统优化的推进思路

货运服务系统“输出”的“产品”是否“更好”，有多维度的判断标准，从系统外部性而言，包括对资源环境、社会福利等的影响，从系统自身而言，主要是对需求的满足程度。为了便于对一个问题开展深入研究，本书聚焦系统自身，把更好地满足经济社会发展产生的货运服务需求作为优化目标，来研究货运服务系统的优化问题。

根据上述优化目标，货运服务系统优化有两种导向，一种是问题导向，即分析当前系统中存在的问题，采取针对性的手段来解决问题，实现系统优化；另一种是战略导向，即针对货物运输未来的发展趋势，前瞻性地变革甚至重构服务系统，满足产业长期发展的战略需要。本书试图从后一种视角开展研究。

从长远发展角度，货运服务系统优化的原动力来自于市场需求的变化。如图4-4所示，当货运服务需求产生后，需要对相关要素进行组织，以提供完整的运输服务产品来满足需求，与此同时，掌握要素的主体（包括经济管理主体和市场主体）之间建立关系，形成相应的产业组织形态；当货运服务需求发生变化后，需要改变要素的组织方式，以便提供新的运输服务产品，原先的要素主体之间的关系或许难以适应新的要素组织方式，需要做出调整，调整后的要素主体关系若能够使要素组织更有效率，就会提供更好的服务来满足需求，从而实现系统优化。因此，系统优化的根本手段是调整要素主体之间的关系，使之能够开展更加有效的要素组织。如果有意识地驱动要素主体关系，即产业组织，向着有利于激发产业生命力和提升产业竞争力的方向变革，系统优化就推动了货运服务产业的升级与发展。

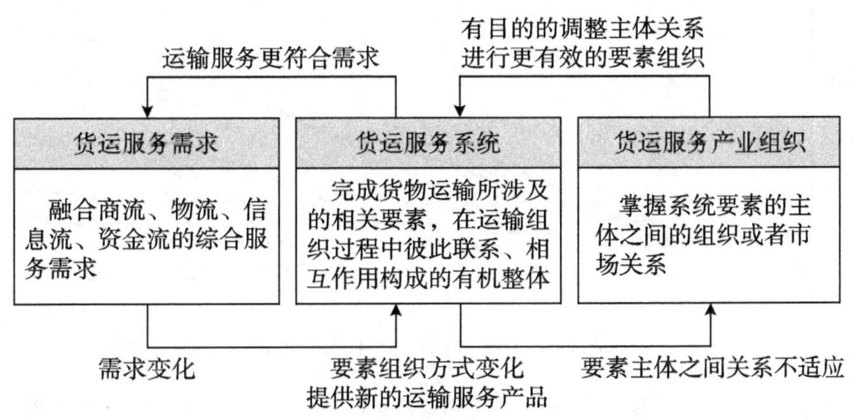

图4-4　货运服务系统优化的思路

4.3　货运服务需求的变化趋势

4.3.1　货物种类的变化——多元化、高端化

在过去较长一段时期内，我国处于重化工业起步和加速发展阶

段，为满足产业发展以及大范围国土开发和大规模城乡建设需求，货物运输以煤炭、石油、金属矿石、钢铁、矿建材料与水泥等能源和原材料为主。随着我国逐步进入重化工业发展的中后期，货物运输格局正在悄然改变，尽管大宗物资仍然是目前最主要的货源，但所占比例已呈下降趋势，货物的种类日趋多元化，价值较高、对运输服务要求较高和对运费承受能力较强的高端货物增长较快。

从沿海规模以上港口货物吞吐量❶来看，2000 年以来，除煤炭、石油等 11 类❷主要货物以外的其他货物增长迅猛，2016 年已达 31.5 亿吨，是 2000 年的近 10 倍，超过除金属矿石以外所有大宗物资的吞吐量增长速度（图 4-5），在总吞吐量中的占比由 26.3% 提高至

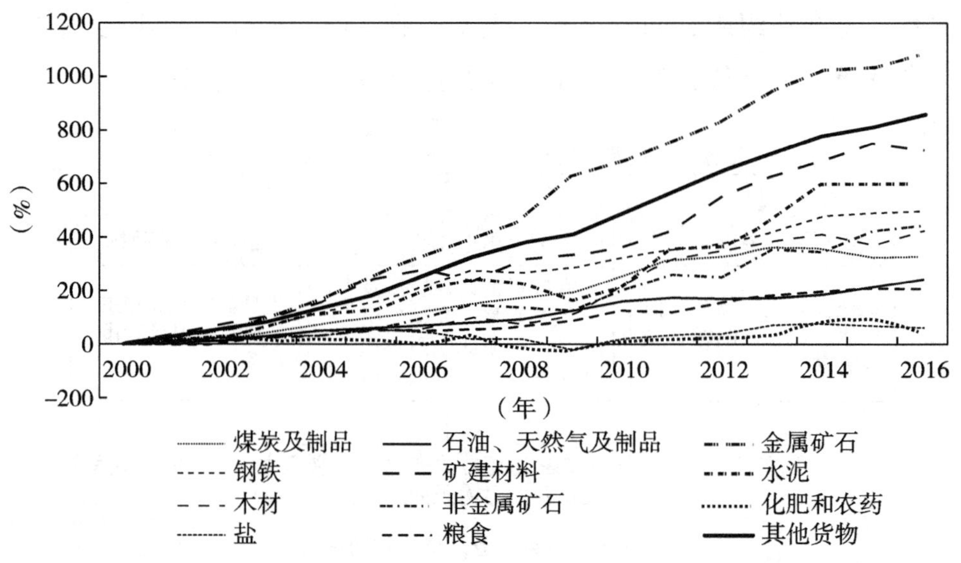

图 4-5　沿海规模以上港口主要货物吞吐量增长情况

资料来源：国家统计局。

❶我国只有铁路和港口进行了分货类的运输量统计，但由于铁路领域尚未完全市场化，且长年以来运力不足，运输以“保重点”为主，运量统计结果难以真实反映市场需求，因此，本书主要以港口统计数据为例对货物种类的变化进行分析。

❷11 类主要货物是指煤炭及制品、石油、天然气及制品、金属矿石、钢铁、矿建材料、水泥、木材、非金属矿石、化肥和农药、盐和粮食。

38.9%（图4-6）。同期，沿海规模以上港口货物总吞吐量增长了4.5倍，而通过集装箱运输的货物增长了8.5倍（图4-7），2016年已达到1.9亿TEU，位居全球第一。

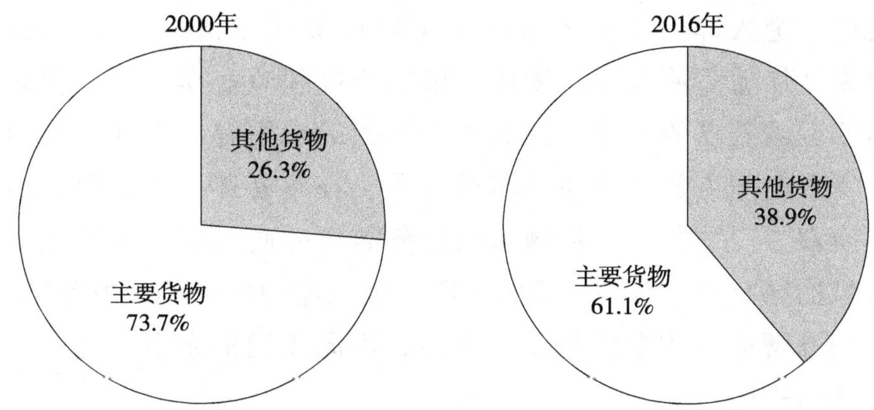

图4-6　沿海规模以上港口其他货物吞吐量所占比例变化情况

资料来源：2000—2016年全国交通运输统计资料汇编。

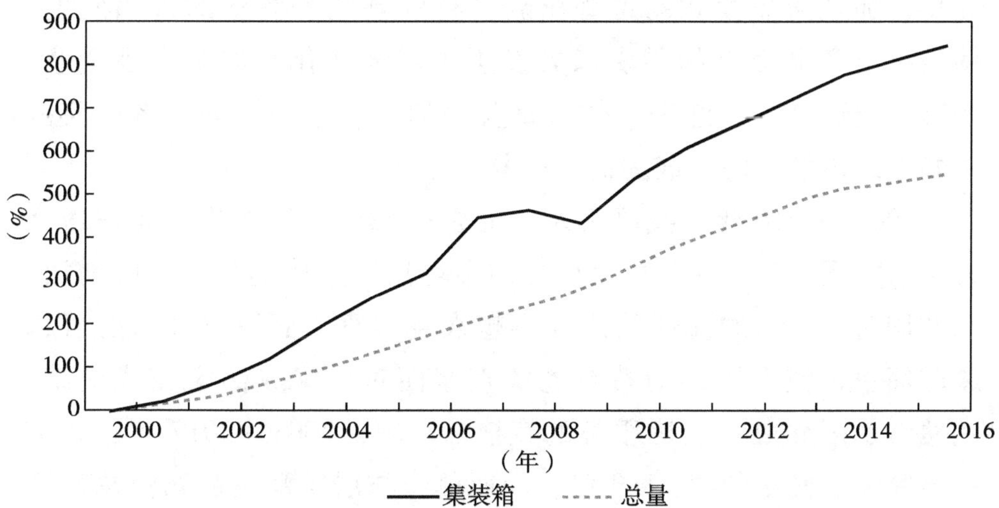

图4-7　沿海规模以上港口总吞吐量与集装箱吞吐量增长情况

资料来源：2000—2016年全国交通运输统计资料汇编。

4.3.2 需求主体的变化——多样化、碎片化

除公益性运输和少部分企业生产过程与居民日常生活中的货物运输，绝大部分货运需求产生于各种形式的贸易，也就是说，物流常常伴随商流发生。因此，市场环境和商业模式的变化导致了货物运输需求的变化，这其中就包括需求主体的变化。货运服务的需求主体主要是货主及其代理人，在贸易体系中，就是商品的买卖双方。过去产生货物运输服务需求的商品交易多发生于生产领域的原材料、零部件等的采购，以及流通领域的批发环节等，货运服务需求主体主要是不同类型、不同规模的企业，并且大企业占相当比例。

近年来，随着我国市场开放程度不断提高，市场主体日趋多元化，加之商业模式的推陈出新，特别是电子商务的蓬勃发展，使得参与商品交易的买卖双方发生了巨大变化，许多中小企业、小微企业迅速成长起来，数量日益增加，一些个体创业者也获得了各自的市场空间，成为商品交易的主体。

2000—2016 年，我国法人单位数从 436.6 万个增加至 1819.1 万个，如图 4-8 所示，显示出参加市场活动主体的数量大幅增加。与此同时，商品的流通渠道变得越来越丰富，而流通环节变得越来越简单，使得更多消费者能够直接面对厂家或商家完成交易，消费者也因此成为货运服务的直接需求者。2001—2017 年，我国社会物流总额增长了 11.9 倍，同期单位与居民消费品物流总额增长了 78.4 倍，如图 4-9 所示。在这一背景下，货运服务需求主体逐渐由集中变为分散，呈现多样化、碎片化的发展趋势。

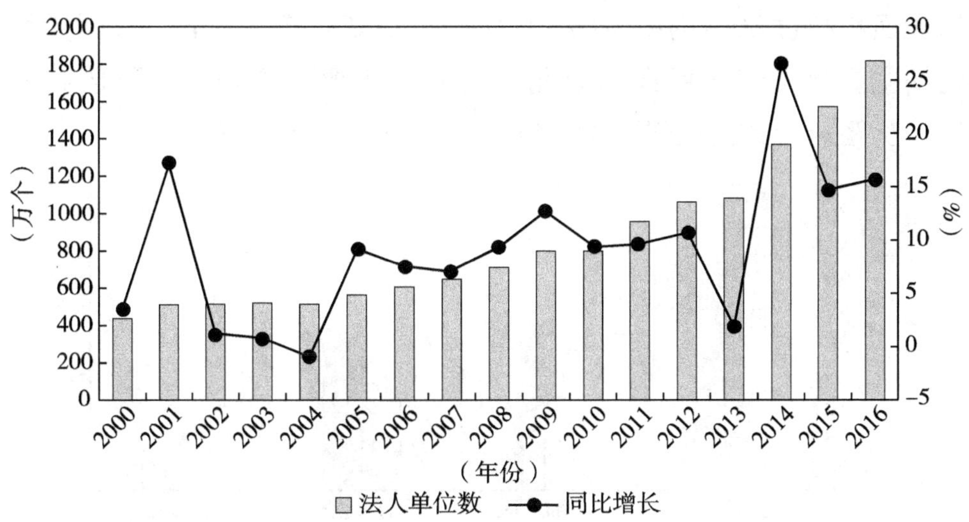

图 4-8 2000—2016 年我国法人单位数量变化情况

资料来源：中国统计年鉴。

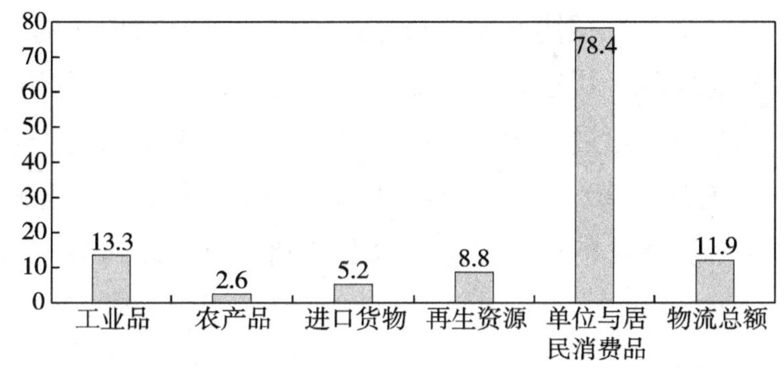

图 4-9 2001—2017 年我国不同领域物流总额增长倍数

资料来源：中国物流年鉴（2017）。

4.3.3 空间分布的变化——分散化、均衡化

货运需求的空间分布与资源分布、产业布局和人口分布等因素密切相关，由于我国资源分布极不均衡，产业与人口在东部沿海地区和一二线城市高度聚集，使得货流分布也很不平衡，占我国国土面积不到 10% 的东部地区完成了全国近 50% 的货运量，几乎等同于

国土面积超过80%的中西部地区完成的总货运量。而且，我国货物运输主要集中于东西向与南北向的几条重要大通道上，形成高密度、长距离、方向性强的货运空间分布格局（图4-10）。

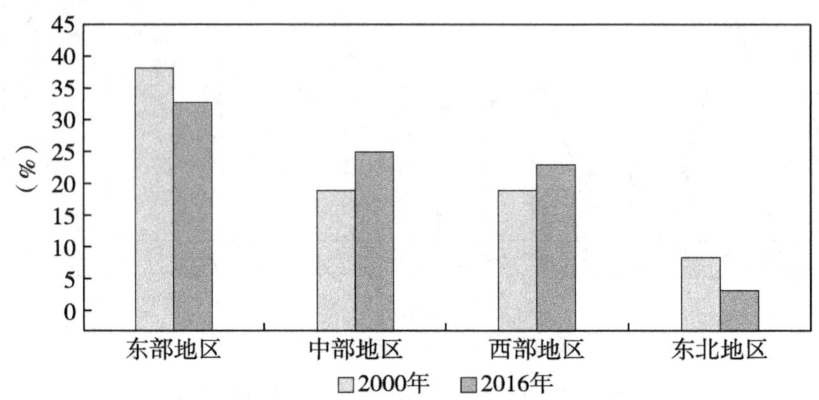

图4-10　2000年和2016年我国货运量区域分布情况对比

近年来，随着区域协调发展战略的实施，中西部地区的经济社会发展取得显著成就，货运需求也随之快速增长，增速逐渐超过东部地区，在全社会总货运量中的比例也从2000年的45.8%提高至2016年的56.1%，增加了10.3个百分点（图4-11）。未来，随着我国产业布局的调整和城镇化的深入推进，以及伴随产业升级和结构优化的大

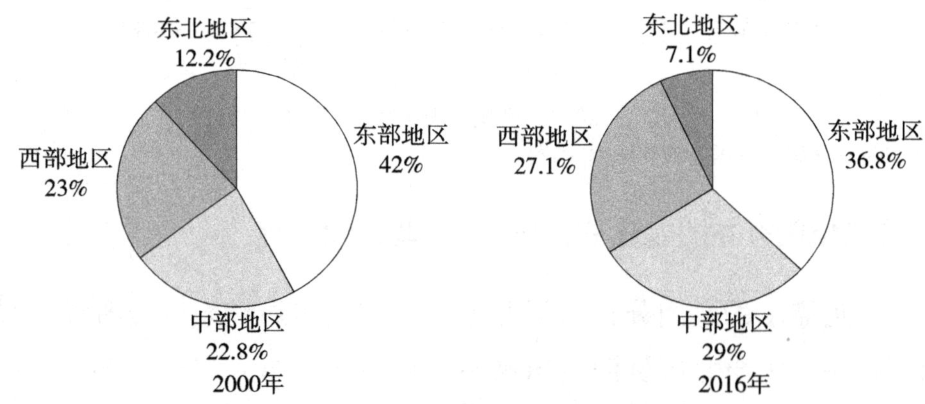

图4-11　2000年和2016年我国不同区域货运量占比变化情况

资料来源：根据历年《中国统计年鉴》相关数据计算。

宗物资运输需求放缓甚至下降，货物运输需求生成的范围将更加广阔，广大中西部地区的货运需求将呈现更加旺盛的增长，城市群内货物运输规模与频次将显著增加，中小城镇和农村需求增长的潜力巨大，货运服务需求在空间分布上将向分散化、均衡化方向发展。

4.3.4 时间分布的变化——不确定性、不稳定性

货运服务需求与经济形势密切相关，并且受社会生产和商品销售周期的影响，因此，在我国经济社会快速发展的背景下，货运量除了表现出长期增长趋势，还呈现出周期性的变动。从近年的变动情况来看，随着货运总量规模的增加，周期性波动的幅度也在加大（图 4-12）。从各种运输方式来看，民航货运量无论是波动幅度还是波动频率都明显大于其他运输方式，这主要是由于民航运输的货物中消费品占比要高于其他运输方式，由于消费品的运输需求与市场消费需求密切相关，市场的瞬息万变导致运输需求的剧烈波动；而水

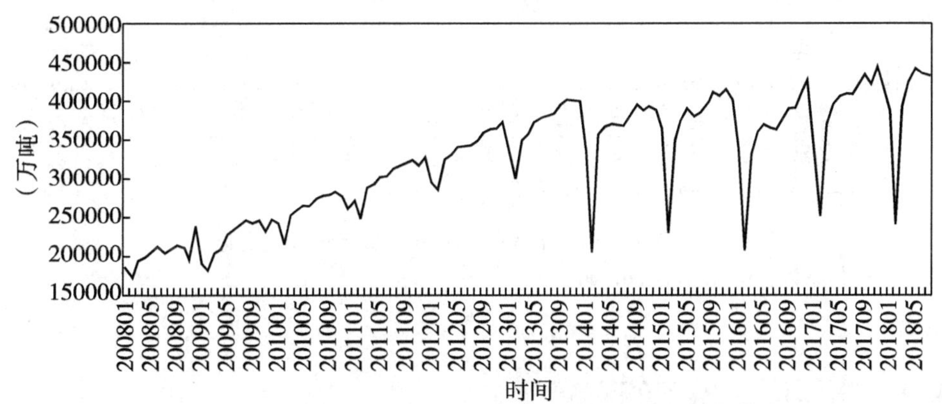

图 4-12 2008—2018 年货物运输总量月度变化情况❶

资料来源：www. stats. gov. cn。

❶各年度 12 月数据为当年全年运量与前 11 个月累计运量的差值，由于 2008 年公路与水路运输量统计口径发生了变化，全年数据为新口径，而前 11 个月累计运量为旧口径，故该年度 12 月数据出现异常，图 4-13 中公路与水运运量也属该种情况。

运、铁路等运输方式的货运量中工业品占比较高，工业品的运输需求与生产需求更加密切，生产具有较强的计划性，因此运输需求的随机波动也就相对较小（图4-13）。随着货类结构的调整，各种运输方式的消费品运输比例都会有不同程度的增加，运输需求的波动性也将随之增加。而且，大宗物资等工业品仍占据较高比例，随着我国全球化进程的深入推进，受国际市场多重因素影响，运输需求也会产生更大的波动。总之，未来货物运输的总体需求与各种运输方式的需求在时间分布上，均会显示出更大的不确定性与不稳定性。

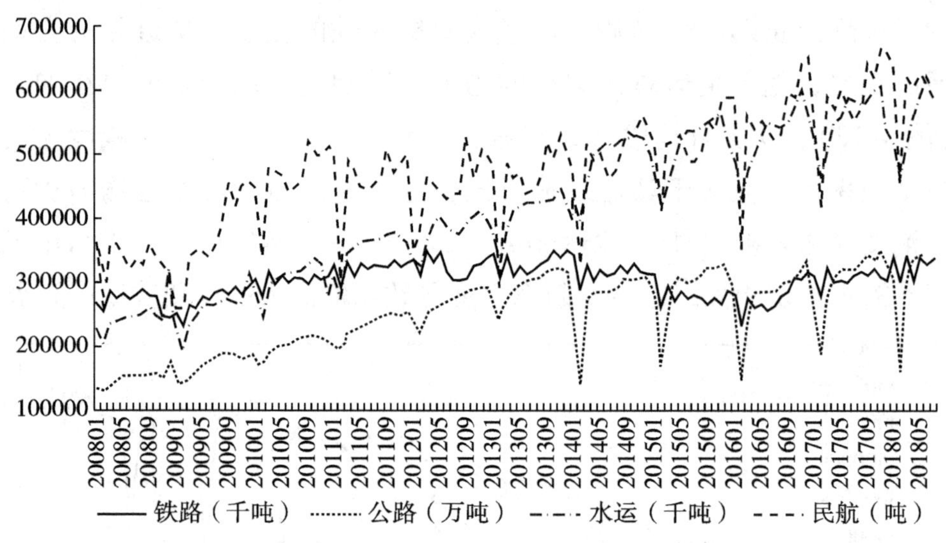

图4-13　2008—2018年各种运输方式货运量月度变化情况

资料来源：www. stats. gov. cn。

4.4　货运服务系统的演变

4.4.1　货物运输服务的变革方向

（1）服务标准化

运输服务是一种无形产品，相比于有形的实物产品，更加难于标准化。在过去，货物运输以大宗物资和大批量的工业品为主，一次运输的托运量大，品种单一，运输线路较为固定，对运输方式的选择性较小，服务的供需主体相对集中，因此，运输服务多以一次性或长期契约的方式提供。随着货物品类的多元化，运输服务需求在空间分布上分散化，各种运输方式的共同市场扩大，同时更加需要相互衔接配合才能完成全程运输，而且，越来越多的服务需求主体出现在运输市场上，他们对运输服务的需求是小批量、多批次的，货流在时间与空间分布上的随机性明显增强。在这种情况下，“一事一议”的运输服务方式显然需要高额的交易成本，并且由于信息不对称，服务的价格和质量都存在较大的不确定性。

因此，需要一种类似于工业化产品的标准化运输服务产品来整合碎片化的运输服务需求，即服务供给者以公开透明的价格、可测度的服务品质、明确的服务内容，提供一系列点对点的运输服务，服务需求者则根据自己的需要从中选择。这种运输服务以班轮运输、五定班列等产品形态在水运、铁路等运输方式中已存在多年。近年来，在公路运输领域也开始出现“卡车航班”等运输服务产品，而正在快速成长的快递业更是这种标准化运输服务的典型代表。未来，还会有更多不同运输方式相互衔接，提供一体化运输服务进入市场，为需求者提供更多选择，使标准化的运输服务产品能够满足更多个性化的服务需求。

专栏 4-1　　公路专线运输的标准化服务

——传化公路港推出“路港快线”

2012 年 9 月 17 日，三辆车身喷涂着统一标志的货车驶出苏州传化公路港的大门，“路港快线”这一具有安全、快速、准时、经济等特点的新一代中高端公路零担货运服务产品正式宣告投入运营。此后，成都和杭州的传化公路港也相继推出了这一服务产品。截至2017年，传化的路港快线已在全国布局了51个分拨中心、1107个陆港驿站，开辟直通线路231条。

路港快线是在公路货运资源整合的基础上，以“产品”形式推出，并形成“品牌”的标准化运输服务模式。传化依托自身的品牌、网络、信息化、专业运营与管理优势，以及众多传统专线运输企业的资源和运力优势，以严格的准入体系为保障，以传化物流基地为物理平台，为路港快线建立了一套科学的平台运营机制，统一品牌形象、统一网络规划、统一运营标准、统一客户服务、统一运单及流程、统一保险及理赔、统一GPS在途跟踪和网络平台等，为客户提供定点、定线、定班、定时、定价的公路货运服务，实现专业化、标准化、流程化的货物运输组织。

（2）供给灵活机动

如前分析，过去我国货物运输需求的总体特点是相对集中和稳定的，这种需求特点对运输组织较为有利。但随着大宗物资运输需求增长放缓，其他货物运输需求增速加快，以及服务需求主体的碎片化，需求时空分布的分散化和随机化，货源在总量、结构、时间、空间上的变化规律将变得越来越难以把握和预测。由于运力的形成需要一个过程，而一旦形成又具有不可存储性，如果按照以往计划性较强、对市场敏感性较低的运输服务模式来面对市场，滞后性就会逐渐显现，较为严重的运力短缺与过剩将交替出现、频繁变化，这一方面无法满足市场需求，另一方面也会使整个产业的经济效益显著降低。

因此，未来货物运输服务运力供给的机动性需要大幅提高，服务供给者必须通过加强运输组织和运用技术手段对市场变化做出及时应对，在运量规模、时间、方向、线路、方式等方面满足更加灵活变化的市场需求。

（3）跨界增值服务

货物运输不仅是货物点到点的物理移动，而且是连接生产与消费的纽带。当前，社会生产方式、人们生活方式和企业商业模式都在发生巨大变革，最传统的运输服务方式已经不能适应日新月异的模式变革，越来越多的增值服务开始渗透到运输过程当中，产生了许多跨界融合的服务模式。

从目前来看，与运输服务结合最多的是金融、信息和商贸等服务。金融服务除了早就出现的货款代收代付等形式以外，随着资金的时间价值越来越被人们所认识，以及现金流对于企业的生存与发展变得越来越重要，货物在途期间或者货物在采购、生产、流通各环节流动过程中的融资服务成为众多运输服务使用者的迫切需求。另外，为了分担货物运输和货物交易过程中的各种风险，丰富多样的保险服务也与运输服务紧密结合，由于运输企业在此过程中对货物具有实际控制能力，由它直接或间接地提供金融服务变得顺理成章。信息服务具有三个最重要的作用：一是使运输服务供给者与需求者之间高效对接，实现运力与货源的高度匹配和运力根据市场波动灵活配置；二是使货物从供应商到厂家、商家直至消费者的全过程变得透明和可控；三是完善运输服务的“售前”与“售后”环节，从提交发货申请到服务完成后的评价与索赔，全部可以借助信息化手段完成。商贸服务和运输服务已经很难说是谁融入谁，而是在物流通道与销售渠道逐渐融为一体背景下的相互渗透。由于商流和物流最本质的区别在于是否涉及商品或者货物所有权的转移，而今后许多货物在运输过程中，不仅发生了位移的变化，而且所有权从运输服务的供给者转移到了运输服务的需求者，因此，这已经不是传统的运输服务，而是由运输服务企业为消费者提供的商贸增值服务，是一种“即需即供”的全新服务模式。

专栏4-2 运输服务企业跨界提供商贸服务

——顺丰速运打造顺丰优选

2012年5月31日，顺丰优选正式上线，它是由顺丰速运倾力打造，以全球优质安全美食为主的网购商城，覆盖母婴食品、营养保健品、粮油副食、酒水饮料、冲调茶饮、休闲零食、饼干点心、生鲜食品、特色时令和美食用品等领域，销售超过1万余种的各类食品及相关商品。顺丰优选采用产地直采、全程冷链、快递直达的服务模式，提供全方位的一站式美食服务。目前，顺丰优选生鲜商品的冷链配送已覆盖北京、天津、上海、广州、深圳等54个城市，常温食品配送覆盖全国，凡是顺丰速运可到达的地方均可配送。

食品是典型的快速消费品，消费者一般通过传统零售渠道实时购买和使用，但从产地到消费者手中需要经过漫长的流通过程，一方面，消费者无法获得最新鲜的食品，另一方面，生产厂家也难以及时洞察市场的瞬息万变，而且，经过层层流通渠道，商品的最终价格也被不断推高。电子商务这种新的商业模式出现以后，许多实体零售业受到了不同程度的冲击，但食品尤其是生鲜食品却很难从“线下”走到“线上”，因为电商与消费者之间需要通过物流联通，但食品对运输的时间、品质等要求较高，一般的第三方物流企业难以提供符合要求的服务。顺丰速运借助自身强大的运输服务能力，扩展销售渠道，将物流与商流二合一，把食品的供货商与消费者直接联系在一起，一端通过大数据应用和订单驱动，使供应商敏锐察觉市场变化，另一端通过“即需即供”的服务模式，满足消费者“即用即买”的消费需求，打造了一个运输服务企业跨界商贸服务的成功案例。

4.4.2 货运服务系统要素组织方式的变化

(1) 开展网络化的运营组织

运输服务是一种基于网络的生产方式，而要提供标准化的运输服务产品，并灵活机动地调配运力和应对市场，更需要对货运服务系统要素进行网络化的运营组织。首先，要扩大网络的覆盖面，只有在一张更广阔的网络上，才能聚集足够的货源并开展高效的运输组织，提供更多选择和更高频次的多点之间货物运输服务。其次，要拓展网络的通达度，形成多级节点互联互通的运输网络，解决最后一公里的物流配送，实现门到门的运输服务。此外，还要提升网络的承载能力和机动性能，满足高密度运输要求和多变的市场需求。对货运服务系统要素进行网络化运营组织的关键是运力的网络化布局和货源的网络化整合，实现网络规模经济。但这仅仅依靠货运服务企业是很难做到的，还需要依靠代理、平台等其他类型的市场主体共同参与和紧密合作。

（2）借助现代管理方式与技术手段整合要素资源

开展网络化的运营组织必须集合多方力量，这就需要借助现代管理方式和技术手段，对货运服务系统要素在资源整合的基础上进行组织。首先，要整合不同方式、不同类型运输企业当中的运力资源，促进不同运输方式分工协作和加强衔接，促进不同运输企业竞争与合作。运力资源得到整合以后，就可以构建广覆盖、深通达、大能力、高机动的运输网络和服务网络，实现任意两点之间由一种运输方式直达或各种运输方式衔接提供的运输服务，能够进行灵活的运输组织、提供多种产品选择和保证较高的发货频率。其次，要整合市场上和尚未进入市场的货源资源。充足的货源一方面能够为庞大的运输网络提供有力支撑，另一方面也有利于平衡不同方向、不同区域的货流，提高运营组织效率。随着运输服务需求变得越来越分散化和个性化，整合货源资源更加需要先进的商业模式与技术手段的支持。再次，要整合分散在商流、物流、资金流和信息流当中的数据资源，这不仅包括运力信息与货源信息的整合和对接，还包括大数据的收集和分析处理。比如，通过监测商流数据，分析市场变动趋势、消费者的空间分布和消费行为的时间分布等，从而合理进行运力部署和运输组织安排。再如，通过监测资金流和信息流数据，评估运输服务供需双方的实力、信用等级等，构建公开透明、竞争有序的市场环境。

专栏4-3　电商、快递、金融的系统资源整合

——阿里巴巴联手银行与快递企业备战“双十一”

“双十一”最早是由阿里巴巴集团旗下的“天猫”（当时称淘宝商城）在2009年11月11日这一天举办的促销活动，当年天猫一天的销售额仅为0.5亿元。而时至今日，“双十一”已演变成一个全民全网参与、线上线下联动的“网购狂欢节”，这一天服务于狂欢节的商家、快递业、支付行业、第三方服务业以及电商平台等相关行业从业人员达数百万人，参与网络购物的消费者来自全球220个国家。2017年“双十一”，淘宝、天猫创下了日销售额1682亿元的历史纪录，是2009年的3000多倍，当日全网销售额2540亿元，是我国当年日均社会消费品零售总额的2.5倍，当天产生物流订单8.5亿个，快递公司处理包裹约3.3亿件。

目前，我国快递日均处理量大约为1.1亿件，在“双十一”这一特殊时点上的业务量激增无疑使整个快递系统面临巨大考验。在“双十一”刚刚推出的五六年时间里，快递“爆仓”让业界记忆犹新，不仅如此，当天网上支付系统的多次“崩溃”也饱受诟病。2017年，在总销售额比过去增长数倍的情况下，电商、快递与金融业的“双十一”表现却比当初从容得多，究其原因，主要是各行业在数据对接的基础上进行了系统资源整合，提前做好了准备。首先，阿里集团整合招商和预售数据，对“双十一”的销售额、产生的订单量以及订单的区域分布都进行了比较准确的预测；然后，以旗下的菜鸟物流为组织中心，协调各快递公司根据预测数据进行运力和人员部署，不仅是总规模，而且对于网络布局都有一定的准备，甚至有的快递公司还派出人员到重点商家驻守，并成立了项目应急小组，以保障整个物流流程更加顺利；菜鸟还构建了快递公司的实时监控体系，为商家提供拥堵线路监测页面，商家根据相关数据判断快递公司的服务能力和线路运行状况，及时调整发货。此外，阿里旗下的支付宝和各大银行经过磋商，各自完成了系统优化，具备了支撑每秒数十万笔交易的能力。经过电商、快递、金融业的资源整合与密切合作，2017 年“双十一”最终完美收官，没有出现大面积的支付系统瘫痪和快递“爆仓”现象。

（3）系统要素在产业内和产业间自由流动

无论是网络化运营，还是资源整合，对货运系统要素的组织都不仅限于运输服务业自身，而是常常突破原有的产业界限。这种组织方式要求系统要素能够在运输服务产业内部和不同产业之间自由流动。产业内的要素流动是指各种运输方式的运力、货源、代理等系统要素在不同方式、不同企业之间流动。当运输服务企业开展运输组织时，能够高效地获取和调动相关要素；在运输服务业发展壮大的过程中，这些要素也能够从低效率的企业流向高效率的企业，从低效率的运营组织体系流向高效率的运营组织体系，实现产业的重组与升级。产业间的要素流动是指在货运服务系统提供跨界增值服务的背景下，系统要素在运输、金融、信息、商贸、制造等产业之间相互流动。比如，商贸企业可以获得运力、网络等系统要素，为本企业和全社会提供运输服务，再如运输企业可以获得资金等系统要素，开展金融服务等。系统要素的自由流动是实现资源优化配置的重要前提，也是推动货运服务系统优化升级的强大力量。

4.5 货运服务业产业组织的变革

产业组织是指同一产业内企业间的组织或者市场关系。由于运输服务业已经与其他产业融合发展，故货运服务业的产业组织应扩展为产业内和产业间企业的组织或者市场关系，与货运服务系统相联系，就是指掌握系统要素的主体之间在进行要素组织的过程中所形成的关系状态。推进货运服务业产业组织的变革首先要处理好政府与市场的关系，在此基础上，调整市场上的要素主体之间的关系，推动产业组织向有利于系统优化的方向演变。

4.5.1　处理好政府与市场的关系

货运服务业的产业特征总体上是比较适于竞争的，政府放松管制、促进市场开放是产业发展的基本方向。同时，由于运输服务具有较为明显的规模经济性，适当的产业集中度也是产业健康发展的必然要求。因此，对于货运服务业的发展，应该让市场发挥主导作用，在资源配置中起决定性作用，而政府则要在加强市场监管、制定标准规范、促进技术进步、完善行政服务等方面发挥更加积极有效的作用。此外，还要调动行业协会等社会组织的积极性，增强行业自律和自我发展的能力。

4.5.2　市场主体开展要素组织的手段

（1）拥有要素，直接组织

当货运服务系统要素归某一企业或其他类型的市场主体所拥有时，该主体就可以直接对要素进行组织，开展运输及其他相关服务。运输企业利用自有运力提供运输服务，或者利用自建的信息平台提供信息服务，以及货主自己构建的运输服务系统等均属于这种要素组织方式。这种市场主体对要素的组织手段具有较强的可控性和可靠性，但选择性较小，要素的使用效率较低，市场主体还要背负大量资产，业务与企业扩张均面临较大的资金与成本压力，不利于快速成长。

（2）通过市场，获取要素

货运服务系统要素众多，而且要开展网络化的运营组织和提供跨界增值服务，完全依靠企业自身所拥有的要素是很难实现的。因此，借助市场搭建的平台，从其他市场主体的手中获取要素的使用权，是进行要素组织的一种重要手段。从市场上获取相关要素进行组织具有很强的灵活性，可以根据实际需求选择最合适的要素，但相对而言，可靠性较低，存在较大的交易成本，并且市场主体还面临市场不确定性和各种风险的挑战，对经营成本的控制能力较弱。

（3）组建联盟，共同组织

相比于自己拥有和完全从市场上获取这两种要素组织手段，市场不同主体之间组建战略联盟，实现要素共享，是一种兼具灵活性与可靠性的要素组织方式。这种战略联盟既包括运输服务业内部的战略合作，比如不同运输企业之间共享运力，或者由第三方整合行业内的资源组建联盟体，依托平台对运力进行组织并提供运输服务；也包括运输服务供给主体与需求主体之间，以及运输业与其他产业之间的战略合作，如运输企业与制造业、商贸业及其上下游产业结成供应链联盟，或者运输企业参股金融、信息等产业，以掌控相关要素等。

（4）多种方式，混合提供

在实际中，很多市场主体对货运服务系统要素的组织并不是单纯采用上述某一种手段，而是多种手段相结合，即自己拥有并直接调配一部分要素，从市场上获取一部分要素，再通过战略联盟形成对一部分要素的实际控制力，从而实现众多市场主体的竞争与合作，展开对要素的灵活组织。一般自己拥有的要素多为货运服务组织的核心要素，也是市场主体建立核心竞争力的基础要素。从市场上获取的要素多为一般性要素，在自由竞争的市场环境下供给较为充分，能够比较便捷和低成本地获取。通过联盟等形式获取的要素一般具有一定的专用性和业务关联性，能够在市场主体之间基于要素的供需建立长期战略合作关系。

4.5.3 推进产业组织变革

（1）市场结构与市场行为调整

各种运输方式具有各自的技术经济特点，且我国运输服务业在不同领域的开放程度不尽相同，形成了多元化的市场结构。铁路运输领域开放程度最低，中国铁路总公司在全国市场上基本处于完全垄断的地位，运输价格由政府制定；公路运输领域已完全放开，全国货运经营业户接近700万户，其中90%为个体运输户，前20名公路货运企业所占的市场份额不足1%，市场集中度非常低，处于完全竞争状态，价格由市场供求关系决定；水运在内河与沿海运输市场上也基本是完全竞争的，在远洋运输市场上接近寡头垄断的市场结构，如国际集装箱班轮运输70%的市场份额被前十大承运人所占有，运价由市场决定；航空运输同样是寡头垄断的市场格局，国内市场80%的份额属于4大航空公司，运价由航空运输企业制定。不仅如此，在运输代理等其他领域，不同运输方式的市场结构也存在很大差别。

在这一背景下，市场主体很难在一个统一开放的市场上对货运服务系统进行要素组织，无法满足要素整合、要素流动和网络化运营组织等要求。因此，必须对货运服务业的市场结构进行调整优化。过度垄断和过度竞争的市场结构都不利于系统要素组织，应该破除体制、机制等障碍，在市场机制的作用下，形成层次清晰、适度竞争的市场格局。市场中既有具备一定规模和综合运输服务能力的龙头企业，也有具有核心竞争力的专业化运输企业，还有具有货源整合能力和专业服务能力的平台、中介、代理等其他企业。在这样的市场结构下，各市场主体可以根据自身实力和市场需求，采用直接调配、市场获取、联盟共享和混合提供等多种手段对货运服务系统要素进行高效组织，能够更好地适应网络化运营、整合和自由流动等系统要素组织方式的变革。

（2）资源配置优化

完善的市场结构为市场在资源配置中起决定性作用创造了条件，也有利于政府更好地发挥作用，实现资源的优化配置。从货运服务系统优化的角度，就是各种主体在对系统要素进行组织时，资源在不同领域之间调整，并趋向更有竞争力的市场主体和更有效率的组织方式。由于货运服务系统在产业融合发展的背景下，已经突破了传统运输业的范畴，因此，资源的优化配置既发生在产业内部，也跨越不同产业。在市场机制的作用下，通过资源的优化配置，有的市场主体专注于某一领域，成为专业化经营企业；有的市场主体拓展了业务范围，成为多元化经营企业；还有一些市场主体在竞争中退出市场，其掌握的资源又重新回到市场进行再次配置。在这一过程中，产业不断成长，货运服务系统也得到优化。

（3）价值链重构提升市场绩效

市场主体在对货运服务系统要素进行组织的过程中，既搭建了一条产业链，也构建了一条价值链。整个货运服务系统产生的价值，体现为产业组织的市场绩效，而其中各种要素体现的价值并不相同，在要素组织的不同环节产生的价值也不相同，形成了一条价值链的“微笑曲线”。传统的货物运输服务处于“微笑曲线”的底部，是创造价值较低的要素组织环节，相对应的市场主体获得的利润回报也较小。按照市场规则，一些市场主体会在利润的驱动下，对能够产生更高价值的要素进行组织，融合创新重构价值链，抬升“微笑曲线”的底部，与传统业态的价值链合成“大笑曲线”，产业组织的市场绩效也因此获得提升（图4-14）。未来，通过价值链的重构，很多运输服务企业的主要利润或将不再来自于运费收入，而是更多来自于运输服务过程中的跨界增值服务。

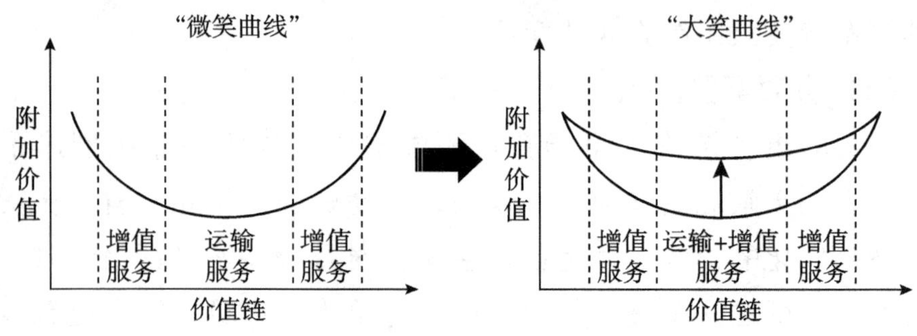

图4-14　价值链重构推动的货运服务系统优化

（4）探索创新产业组织变革路径

货运服务系统在建设层面确定了系统要素和要素间的作用方式，在此基础上进一步开展系统优化。为此，要分析货运服务需求将会如何发展，需要为这些需求提供何种运输服务产品，系统要素如何组织才能“生产”出这些“产品”，以及要素主体之间建立何种关系才能实现这种要素组织方式。在上述问题得到解答之后，就要探究如何在要素主体之间建立上述关系，即探索产业组织的变革路径。一是平台建设，使所有的市场主体在平台上调整关系，建立新的连接方式；二是技术应用，依托各个市场主体的技术能力和管理能力，改变相对的市场地位，形成更高效的市场结构；三是模式创新，在新的生产方式和商业模式下构建新的运输服务模式，形成新的主体关系；四是价值分配，通过价值链的传导作用和分配机制，实现不同市场主体之间的竞争与合作，实现价值链重构。

本章参考文献

[1] 朱道立．大系统优化理论与应用［M］．上海：上海交通大学出版社，1987.

[2] 吴今培，李学伟．系统科学发展概论［M］．北京：清华大学出版社，2010.

[3] 张国伍．交通运输系统工程创新与发展［M］．北京：北京交通大学出版社，2008.

[4] 陈汝龙．综合运输系统工程［M］．济南：山东科学技术出版社，1989.

[5] 沈志云，邓学钧．交通运输工程学［M］．2 版．北京：人民交通出版社，2003.

[6] 胡思继．综合运输工程学［M］．北京：北京交通大学出版社，2005.

[7] 王庆云．综合运输体系的建设与发展［J］．交通运输系统工程与信息，2002，2（3）：56-60.

[8] 况漠．区域物流系统优化分析［M］．北京：中国财富出版社，2012.

[9] 陈薇，杨春河．农产品物流系统价值链优化研究［M］．北京：中国铁道出版社，2012.

[10] 彭辉．综合交通运输系统理论分析［D］．西安：长安大学，2006.

[11] 张欣，张秀媛，邹迎．综合公共交通系统优化组织与协调运营［M］．北京：中国建筑工业出版社，2011.

[12] 刘细良，秦婷婷．低碳经济视角下的长株潭城市群交通系统优化研究［J］．经济地理，2010，30（7）：1124-1128.

[13] 刘琳琳．交通运输中多式联运协同优化［J］．城市建设理论研究，2011（15）.

[14] 于春荣．公路运输系统的经济分析与评价［D］．长春：吉林大学，2008.

[15] 林建清．现代航运物流系统的整合研究［D］．上海：华东师范大

学，2003.
[16] 文可．航空公司枢纽辐射运输系统规划设计研究［D］．南京：南京航空航天大学，2005.
[17] 王姣娥，金凤君．中国铁路客运网络组织与空间服务系统优化［J］．地理学报，2005，60（3）：371-380.
[18] 穆毅．陕西省道路运输服务系统研究［D］．西安：长安大学，2006.
[19] 吴岚，陈方红．基于公路快速客运服务系统组合评价方法的研究［J］．价值工程，2008（1）：128-131.
[20] 周裕良，陈祖亮．应用系统优化管理提高内河运输效益[J]．中国水运，1998（5）：26-27.
[21] 王志清．民航旅客运输便捷工程及其流程优化方法研究[D]．南京：南京航空航天大学，2006.
[22] 鹿应荣．粮食物流系统优化研究［D］．长春：吉林大学，2007.
[23] 张文桥．煤矿供应物流系统优化的研究［D］．天津：天津大学，2006.
[24] 赵嘉．中国进口铁矿石物流系统优化研究［D］．天津：天津大学，2006.
[25] 张鹏．基于 ACO 的港口集装箱运输网络系统优化研究［D］．大连：大连理工大学，2006.
[26] 梁博伟．基于物流理论的湘江集装箱船舶运输系统研究[D]．武汉：武汉理工大学，2006.
[27] 裘永平．超大型集装箱船运输系统协调发展研究［D］．大连：大连海事大学，2008.
[28] 杨启成．卷烟生产物流系统的优化设计及管理研究［D］．昆明：昆明理工大学，2008.
[29] 卢晓筠．福建省邮政运输网络系统优化研究［D］．天津：天津大学，2008.
[30] 常峰波．城市物流系统优化，武汉理工大学，2005.
[31] 邓爱民．城市配送系统优化研究［D］．武汉：武汉理工大学，2005.

[32] 胡志华．区域物流系统中存储和运输子系统的优化研究[D]．西安：长安大学，2005.

[33] 樊一江．交通运输系统结构优化经济机制研究［D］．西安：长安大学，2009.

[34] 张育辉．工程项目物资运输系统研究［D］．大连：大连海事大学，2011.

[35] 初良勇．我国水上石油物流系统与分拨运输网络研究［D］．大连：大连海事大学，2007.

[36] 刘莉．长江流域水路铁矿石运输系统研究［D］．上海：上海海事大学，2007.

[37] 高婷．长江汉申段水路集装箱运输系统研究［D］．武汉：武汉理工大学，2007.

[38] 林广潮，李伊松．现代物流与铁路货运服务系统［J］．铁路技术监督，2004（10）：29-30.

[39] 赵旭．现代物流理念下的交通运输系统资源整合方法研究［D］．大连：大连海事大学，2007.

[40] 刘涛．环渤海地区海陆客货滚装无缝运输系统研究［D］．大连：大连海事大学，2008.

[41] 周玉洋．WY 公司国际物流系统优化与控制分析［D］．无锡：江南大学，2008.

[42] 于刃刚，李玉红，麻卫华，等．产业融合论［M］．北京：人民出版社，2006.

[43] 谢雨蓉．构建货运服务系统的解析与对策［J］．综合运输，2012(11)：55-62.

[44] 谢雨蓉．优化货运服务系统对交通运输产业组织的影响[J]．综合运输，2013（10）：38-43.

5 现代物流与电子商务融合发展

「内容提要」

前文研究指出，在现代物流产业组织背景下，货运服务系统以更好地满足运输需求为目标导向，调整系统要素之间的关系，更加有效地开展生产组织活动，从而实现系统优化。近年来，现代信息技术迅猛发展并与现代物流深度融合，为运输服务提供了更加高效的生产组织手段，并改变了货运服务系统的要素关系，进一步推动了系统优化。本章以产业经济学研究范畴中的产业融合论为理论依据，以电子商务的快速发展为背景，研究现代物流与电子商务融合发展推动产业优化升级的发展路径。研究认为，从消费者角度，对电子商务和电商物流的需求是不可分割的一个整体，属于复合型需求，现代物流与电子商务融合发展，能够在整合电子商务海量数据和电商物流碎片化需求的基础上，实现更加合理的生产组织，提供更加符合复合型需求的电商物流服务，从而实现传统货运系统的优化升级和现代物流产业的优化发展。

5.1 产业经济学的相关理论

产业融合（Industry Convergence）是指不同产业或同一产业不同行业相互渗透、相互交叉，最终融为一体，逐步形成新产业的动态发展过程，它是产业经济学研究的一项重要内容。电子商务是近年来伴随信息技术迅猛发展和商业模式不断创新而产生的一种新兴业态，广义的电子商务是指利用互联网等电子工具从事的商务活动，而通常所指的电子商务是其狭义概念，即网络销售，指交易双方通过互联网完成商品所有权的转移，包括 B2B❶、B2C❷ 和 C2C❸ 等多种模式。由于商品交易在线上虚拟空间达成，而商品的空间位移必须依靠线下物流过程，电商物流随之蓬勃兴起。B2B 电商模式依托于传统贸易形态下的物流体系就基本可以满足其服务需求，而 B2C 和 C2C 模式（网络零售）却不同，位于网络终端的个体消费者一个购买订单就可以驱动一个从分拣、包装、发货、分拨、配送直至快递送达的物流服务流程。由于物流业具有显著的规模经济性，传统的生产组织方式在提供这一服务时缺乏效率，需要创新服务方式，变革组织体系。在产业组织变革与创新过程中，出现了现代物流与电子商务融合发展态势，这一态势既与其他产业融合发展的路径有相似之处，也具有自身的一些特点，并且国内与国外发展情况也存在较大差别。本章研究现代物流与电子商务融合发展的问题，

---

❶Business to Business（B2B），指企业与企业之间的电子商务运作方式。

❷Business to Customer（B2C），指企业与消费者之间的电子商务运作方式。

❸Customer to Customer（C2C），指消费者与消费者之间的电子商务运作方式。

首先从产业经济学的基本理论中寻找依据与方法，探求基本规律。在产业经济学整体理论框架下，除了前面章节所述的产业组织理论与本章内容关系较为密切，研究产业发展规律的产业发展理论对于现代物流与电子商务的融合问题研究也有很强的指导性。此外，近年来各国学者对于产业融合这一全球性新经济现象也给予了专门的关注与研究，虽尚未形成完整理论体系，但为本章研究提供了重要理论支撑和方法借鉴。

5.1.1 产业经济学理论框架

产业经济学主要是研究经济领域中产业的组织、结构、管理、政策与发展规律的应用学科，是研究“产业”这一有机整体相关问题的基本理论。产业经济学的研究范畴包括生产同类产品或采用相同生产技术的企业间竞争与合作、具有共同特征的经济组织集团之间的联系与互动发展、经济组织集团自身的演进发展以及在地域空间中的分布等经济现象及其行为规律，是居于宏观经济与微观经济之间的中观经济。

产业经济学有着悠久的历史渊源，但真正成为一门独立的学科还是在20世纪中叶，日本学者将以往西方产业经济理论高度概括为一个新的理论体系，编撰出第一部以“产业经济学”命名的著作。产业经济学从产生以来已经取得了巨大发展，其学科体系日渐完善，目前已形成产业组织理论、产业结构理论、产业关联理论、产业布局理论、产业政策理论等较为成熟的理论，并演化产生了产业安全等理论创新与发展。我国学者在综合国内外研究成果的基础上，结合我国产业经济发展实践，建立了具有中国特色的产业经济学学科体系（图5-1），包括研究范畴、理论基础、研究对象、研究思路和研究目的五个层次，涵盖了产业经济学的主要研究领域。对于本章而言，主要应用产业组织理论与产业发展理论研究物流与电子商务两大产业的融合发展问题。

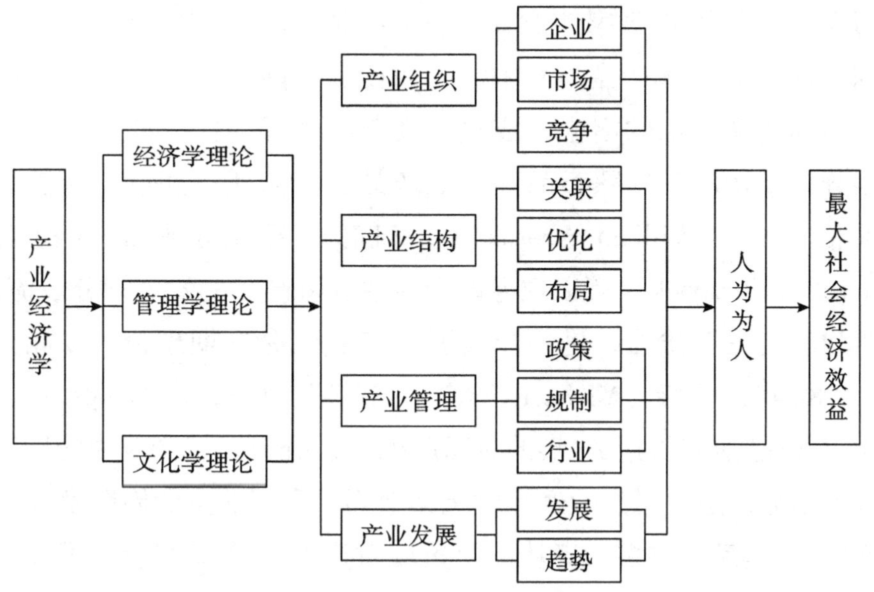

图 5-1 我国学者建立的产业经济学学科体系

资料来源：苏东水，《产业经济学》（第二版）。

5.1.2 产业发展理论

产业发展是指产业从诞生到被淘汰或进一步更新的全过程以及某一产业对其他产业演变的影响过程。产业发展理论就是研究产业发展过程中的发展规律、发展周期、影响因素、资源配置、产业转移、发展政策等问题，用于指导实践，决策部门根据产业发展不同阶段的基本规律采取相应的产业政策，企业则根据这些规律采取相应的发展战略。产业发展与经济发展相类似，是一个从低级向高级不断演进、遵循内在逻辑和发展规律、不以主观意志为转移的客观历史过程，产业发展理论包括从单个产业生命周期和总体产业发展模式两个视角对这一历史过程的研究论述。

（1）产业生命周期理论

产业生命周期理论是在产品生命周期理论基础上发展而来的。1966年，美国经济学家弗农（Raymond Vernon）首次提出产品生命周期理论，他在《产品周期中的国际投资和国际贸易》一文中描述了产品与生命相似的出生、成熟、衰老的过程，并把产品的生命周期划分为新产品、成熟产品和标准产品三个阶段。随后，哈佛大学的阿伯纳西（William Abernathy）和麻省理工学院的厄特巴克（James M. Utterback）等以主导设计为主线将产品的发展划分成流动、过渡和确定三个阶段，进一步发展了产品生命周期理论。以此为基础，1982年，戈特（Michael Gort）和克莱伯（Steven Klepper）通过对46个产品最多长达73年的时间序列数据分析，按产业中的厂商数目进行划分，建立了产业经济学意义上第一个产业生命周期模型（G-K模型）。其后，许多学者从不同角度对产业生命周期展开了深入研究，主要集中于以下几个方面：一是从实证角度考察产业生命周期曲线的形态；二是分析在产业生命周期不同阶段，企业的进入、退出行为以及进入、退出壁垒等；三是探究推动产业生命周期演化的动力；四是研究如何根据产业生命周期来制定相应的产业政策。

此外，由于产业生命周期构成了企业外部环境的重要因素，也有一些学者从企业竞争战略角度开展研究，分析产业生命周期的阶段性变化对企业战略决策的影响，以及生命周期不同阶段可供企业选择的战略决策。如朗德里根（John Londregan）于1990年构建了产业生命周期不同阶段企业竞争的理论模型；波特（Michael E. Porter）在《竞争战略》（1997）一书中论述了新兴产业、成熟产业和衰退产业中企业的竞争战略等。

（2）产业发展模式理论

总体产业发展即整个国民经济的进化过程，可以用产业或经济发展模式理论来描述，包括二元经济发展模式论、经济发展阶段论和平衡增长与不平衡增长论等经典理论。其中，经济发展阶段论对理解单个产业部门的发展趋势，以及单个产业的发展对经济社会的影响具有重要的指导意义。1960 年，美国经济史学家罗斯托（Walt Whitman Rostow）发表的《经济增长的阶段》一书吸收了德国历史学派的经济发展阶段划分法、凯恩斯（John Maynard Keynes）的宏观经济分析、熊彼特（Joseph Alois Schumpeter）的创新学说、哈罗德·多马（Harold Thomas）模型等理论方法，从世界经济发展史的角度，把人类社会发展划分为五个阶段，此后又进行了补充，形成传统社会、为起飞创造前提、起飞、向成熟推进、大规模高消费和追求生活质量六阶段经济发展模式理论。罗斯托认为，经济增长阶段更替的重要原因之一是主导产业部门的更替。主导产业部门实现很高的增长率，并将这种增长通过规模经济、产生新产业、扩大出口等形式扩展到其他产业部门，从而带动整体经济增长。主导产业部门更替的动力源于人的欲望变化以及技术创新和新技术的应用，因此，产业发展乃至国民经济的发展与社会需求、技术进步密不可分。

5.1.3 产业融合理论

随着全球产业发展出现新的现象与趋势，产业经济学的理论体系也在不断完善，产业融合就是其中一项重要的研究内容。

（1）融合概念的提出

融合（Convergence）的理念最早由美国学者罗森伯格（N. Rosenberg）于1963 年提出，他在《1840—1910（美国）机械设备业技术变迁》一文中发现由于通用技术在相关或无关产业内长期应用和发展，会导致一种生产完全不同和独立产品的产业产生，并将这一形成过程称作技术融合（Technological Convergence）。

（2）始于信息产业的产业融合问题研究

从20世纪70年代开始，以信息技术为核心的高新技术在世界范围内迅速发展和扩散，一些建立在传统工业经济时代生产分工基础上的产业边界渐渐模糊，在原产业边界处开始融合、生成新的产业类型，这使几百年以来一直以斯密分工思想为基础的产业理论受到极大挑战。1978年，麻省理工学院媒体实验室的创始人尼古路庞特（Nicholas Negrouponte）用三个重叠的圆圈来描述计算、印刷和广播三者的技术边界，认为三个圆圈的交叉处将成为成长最快、创新最多的领域，开启了学术界对产业融合的讨论。

在此之后，对产业融合的研究多以信息与网络传输产业为基础，但认识已经超出技术层面，深入到产业发展的内在机理。欧洲委员会在1997年发布的绿皮书中指出，产业融合是指“产业联盟和合并、技术网络平台和市场等三个角度的重合”，并提出电信、广播电视和出版三大产业融合不仅仅是技术性问题，更是涉及服务以及商业模式乃至整个社会运作的一种新方式。同年，美国学者格林斯坦（Greenstein）和汉纳（Khanna）针对计算机、通信和广播电视业的融合，从产业变动的角度提出新说，认为产业融合是为了适应产业增长而发生的产业边界的收缩或消失。另一美国学者尤弗（Yoffie）将产业融合定义为“采用数字技术后原来各自独立产品的整合”，并判断企业若实现融合，必须采取全新的技术战略和企业发展战略。

（3）产业融合理论的扩展

事实上，产业融合并不仅仅发生在信息产业，还广泛存在于其他领域，并已经成为一种趋势，许多学者也对此开展了研究。2001年，日本学者植草益（Masu Uekusa）揭示产业融合的动因是通过技术革新和放宽限制来降低行业间壁垒，加强各行业内企业间的竞争合作关系，并提出产业融合不仅出现在信息通讯业，在金融业、能源业、运输业等领域的产业融合也在加速进行之中，还进一步预测制造业产业融合也将得到更进一步的发展。

(4) 我国对产业融合的研究

近年来，随着我国产业融合发展趋势不断加深，国内学者也开始关注这一研究领域。关于产业融合带来的变化，周振华认为，产业融合意味着传统产业边界模糊化和经济服务化趋势，以及产业间新型竞争协同关系的建立和更大的复合经济效应；聂子龙、李浩认为，产业融合不是几个产业的简单叠加，而是新产业与传统产业的融合，在产业融合过程中还会发生既有产业的退化、萎缩乃至消失的现象。关于产业融合产生的影响与发展方向，钱平凡2001 年发表《产业融合与产业革命的序曲——美国在线与时代华纳合并的评析》，将产业融合视为一次产业革命；厉无畏在《产业发展的趋势研判与理性思考》(2002) 一文中指出产业融合是国际产业发展的主要趋势之一。上述对“产业融合”的理论研究虽然各有侧重，但本质上看都基于同一认识，即产业融合是一种全新的经济现象，其发展态势已广泛影响到世界产业走向，并必将重塑全球产业的结构形态。

5.1.4 物流与电子商务产业融合相关研究

(1) 物流产业内部融合

如前文所述，国内外对产业融合问题的研究已扩展到许多领域，物流便是其中一个重要领域。19 世纪末期，发达国家对运输业、邮政业等进行严格的经济性规制，导致铁路运输、航空、航运、仓储、邮政等产业之间边界清晰，处于产业分立状况。20 世纪

70 年代后期，以美国为代表的西方国家开始逐步放松对运输业的经济性规制，加之信息技术的快速发展和在物流各行业之间的渗透，物流产业内的传统边界日渐模糊。20 世纪 90 年代起，发达国家的物流产业呈现加速融合趋势，国外学者也开始通过研究认识和剖析这一现象。如 2001 年，格瑞丁（Geradin）在研究中将铁路和航空运输业之间进行的合作视为产业融合的一种模式，既特殊合作；麦克琼斯（J. Mike Jone）认为对竞争激烈的物流企业而言，运输业务等单一的物流服务已无法建立企业的竞争优势，物流企业必须突破既有业务范围，提供附加服务。

国内对物流产业融合问题也开展了大量研究工作。魏际刚（2003）认为，现代物流业突破了传统物流产业的技术边界、业务边界、组织边界和市场边界，是对运输业、仓储业等传统产业边界固定化及相互间产业分立的根本否定，是一种新的产业革命；李海舰（2003）分析了流通产业中的产业融合现象，提出基于产业融合的流通产业发展政策；江平（2004）在探讨物流产业融合趋势的基础上，以深圳特区为例，提出今后物流业的发展对策；白雪洁（2005）研究了产业融合影响物流产业市场结构的主要路径，并探讨了产业融合促生的寡头型企业和竞争型企业如何适应产业融合的竞争要求问题；于刃刚、李玉红等（2006）从技术和制度两个方面，对物流业的产业融合问题进行了分析；马健（2006）以物流企业为例，对信息化融合趋势及其效应进行了分析；李敏、张圣忠（2010）等认为产业融合正成为物流产业发展的趋势，产业融合可以在物流业发展环境改善、物流产业规制改革、物流需求转变和物流信息管理技术创新的共同作用下得以实现。

（2）现代物流与电子商务产业融合

截至目前，现代物流与电子商务融合发展并没有呈现出明显的国际趋势，因此国际上对这一领域的研究少之又少，主要研究集中于电商企业供应链管理系统的规划设计、物流体系的构建优化等。我国物流与电子商务融合发展的理论研究大大滞后于实践探索，但近年来，许多专家学者和行业内的咨询机构开始关注这一领域，并加快了研究步伐。目前相关研究成果主要分析了物流与电子商务融合发展的动因、模式、趋势等问题。黄刚（2011）分析了电商自建物流体系源于业务需要、迎合资本、管理升级、企业战略、投资策略等五大价值因素。师尊俐（2011）则并不看好物流企业涉足电商产业，认为物流与电商最终将通过并购重组各自归位，专业化发展将成为未来的主流趋势。

5.1.5 产业融合对经典产业经济学的发展

（1）产业融合突破了传统产业经济学产业边界清晰的研究前提

传统产业经济学将生产同类或生产具有密切替代关系的产品或服务作为划分不同企业“产业归属”的依据，在明确产业分类的基础上，同一产业内部的企业之间存在竞争关系，不同产业之间存在进入与退出壁垒，因此，产业分立或产业边界清晰是传统产业经济学理论研究的基本前提。但产业融合现象的出现，使产业之间的传统边界变得模糊甚至不复存在，经典产业经济学理论与分析方法难以直接适用，在开展相关研究时需要做出调整与变革。

（2）产业融合构建了新的产业组织形态

产业组织形态是产业内企业间竞合关系的表现形态。由于产业是一个企业集合体的概念，因此产业融合是众多企业集体行为的结果，即集合体中的大多数企业或者具有巨大影响力的龙头企业，常态性地从事跨越原有产业边界的经济活动或者生产出传统产品系列以外的产品，而集合体内个别企业的上述行为或者行为结果并不能将其界定为产业融合，只能算做企业的多元化经营。产业融合发生后，提供的产品或服务在功能上具有替代性，但又不完全等同于原产业提供的产品或服务，因此，融合区域内的企业与原产业内的企业从简单竞争关系转变为差异化竞争关系，或者兼有竞争与合作关系，而原本分属不同产业的企业因提供同类型的产品或服务而成为竞争对手。当这种转变广泛渗透于企业组成的集合体当中，就改变了产业中既有的企业竞合关系结构，重构了产业组织形态。传统的产业组织理论必须对发生了产业融合的市场结构、市场行为与市场绩效进行重新梳理，探寻产业新的运行特征。

（3）产业融合改变了传统产业发展规律

按照传统产业发展理论，单个产业从出现到衰退和表现为国民经济演进的总体产业发展历程均按照一定规律逐步的、连续的向前推进，是一个渐进的、顺序的过程。产业融合出现以后，一些产业在极短的时间内形成新的生命周期，可能发生新产业的快速崛起和爆发式增长，或者已经进入成熟甚至衰退期的传统产业重获新生，原有产业生命周期曲线的形状发生变化，出现新的拐点，甚至出现阶跃；同时，产业融合还有可能引发主导产业的更替，改变总体产业的发展模式和经济社会的演进过程。因此，产业融合的发生对传统产业发展理论提出了新的课题，需要对新的产业发展规律进行重新认识和总结。

（4）产业融合能否成为产业发展新模式尚无定论

相比于学术界对产业经济理论百余年的研究历程，产业融合问题只是近些年来才走入研究视野的新经济现象，相关研究还很不完善。目前，国内外学者只是对信息产业、物流产业、金融产业、能源产业等已经出现产业融合现象的领域进行了具体的案例研究，至于产业融合现象能否成为一种产业发展的新模式，或者形成未来某些产业发展的主导趋势，至今尚未从理论上进行论证，更未建立完整的分析框架和开展深入研究。

（5）现代物流与电子商务产业融合理论研究不足

由于电子商务是新兴事物，在国际上的发展历程也不过20多年的时间，而在我国起步发展还要再晚一些，因此在该领域并没有形成成熟的研究体系。现代物流与电子商务融合发展的历程更短，学术界似乎还没有来得及全面用产业融合的思想去认识这一现象和剖析相关问题，尽管很多分析透露出对这一行业的深刻理解和犀利判断，无论对于产业发展实践还是进一步的理论研究都提供了极具价值的思路和启发，特别是对产业融合后产生的产业创新性与成长性变化的观察与解析，为进一步研究现代物流与电子商务产业融合可能带来的产业变革提供了有益借鉴。但由于缺乏理论支撑，从某种程度而言，现有的观点中“揣测”多于“研究”。因此，对现代物流与电子商务融合发展的动力机制与运行规律，还需依托理论分析加以客观认识和深入探究。

5.2 产业融合的基本规律

5.2.1 产业融合的特征

（1）产业融合的内涵

①产业的界定。产业是社会分工的产物，产业经济学理论认为，生产同类或生产具有密切替代关系的产品或服务是划分不同企业产业归属的依据，同一产业内的企业之间存在竞争关系，不同产业之间存在进入与退出壁垒。

②产业的两种发展趋势。随着社会的发展，生产分工方式不

断变化，产业出现了两种发展趋势。一是产业内部分工更加细化，分化出新的产业，走向专业化；二是不同产业相互渗透、相互交叉，最终融为一体，形成新的产业，理论界将后者称为产业融合（Industry Convergence）。

③产业融合的判定。一个领域区别于另一个领域，通常在于二者之间存在较为确定的边界，不同领域发生融合意味着原来的边界被突破。根据产业和融合的含义，如果原来的两个产业，现在没有明显分工，或者说提供的是同一类产品或服务，就可以认为它们之间发生了融合。产业融合是发生在不同产业之间的，从产业的定义来看，电子商务与传统商业、电商物流与传统物流的分工基本相同，将电子商务和电商物流作为独立的产业并不十分恰当，但从分工的角度，它们二者之间边界还是比较清晰的，可以根据产业融合相关理论来研究二者的融合发展问题。产业融合打破了产业边界，创新了商业模式，改变了既有产业组织形态，原来的市场关系、生产经营方式、产业发展规律等统统发生了变化，为产业经济学提出新的研究课题。

（2）产业融合的驱动因素

产业融合的发生是多种因素作用的结果，对此学术界从不同角度进行了分析，技术进步和规制放松是普遍公认的两大驱动因素，并且很多学者认为，在两大因素的共同作用下，产业融合才得以发生。

①技术进步。不同产业具有不同的生产技术和工艺流程，构成了产业之间的技术性进入壁垒。技术进步是产业升级的一种重要途径，当技术取得突破性进展，或者技术创新性地组合在一起，形成新的技术，并在此基础上创造出新工艺或者开发出新产品，这就是由技术进步带动的产业融合。

专栏5-1 技术进步产生的产业融合——三网融合

三网融合是指电信网、广播电视网、互联网在向宽带通信网、数字电视网、下一代互联网演进过程中，通过技术改造，其功能趋于一致，业务范围趋于相同，网络互联互通、资源共享，形成相互渗透、互相兼容、并逐步整合成统一的信息通信网络，为用户提供语音、数据和广播电视等多种服务。三网融合并不意味着三大网络的物理合一，而主要是指高层业务应用的融合，即手机可以看电视、上网，电视可以打电话、上网，电脑也可以打电话、看电视，三者之间相互交叉，形成你中有我、我中有你的格局。

资料来源：科普中国百科科学词条编写与应用工作项目。

②规制放松。自然垄断产业和一些特殊产业一直受到各国政府的经济性规制，形成政策性进入壁垒，使得产业之间的传统边界较为清晰。随着政府放松规制，受规制产业的政策性壁垒降低，促使其他产业的企业纷纷进入，在激烈的竞争中，各产业的传统边界日益模糊，最终呈现融合趋势。

专栏5-2 放松规制产生的产业融合——综合性金融业

20世纪30年代，以美国为代表的西方发达国家对金融业实行分业规制，银行业、证券业、保险业等形成产业分立。进入20世纪80年代，各国政府放松了金融规制，消除了各产业的政策性进入壁垒，并促进融合性金融创新。商业银行、保险公司、证券公司等以金融控股公司形式进行业务重组，使银行业务、证券业务和保险业务相互交叉、渗透、融合，建立了没有业务界限、无所不包的多元化金融集团，为客户提供综合性金融服务。

资料来源：产业融合论。

5.2.2 产业融合推动变革

（1）引发了商业模式创新

商业模式是一种包含了一系列要素及其关系的概念性工具，用以阐明某个特定实体的商业逻辑，它描述了企业能为客户提供的价值以及企业的内部结构、合作伙伴网络和关系资本等用以实现这一价值并产生可持续盈利收入的要素。通俗地说，商业模式就是企业致力于满足消费者哪一类需求，通过提供什么产品或者服务去满足这一类需求，企业生产这一产品或者服务需要哪些资源和如何组织这些资源开展生产经营活动，以及在这个过程中企业是如何获取收益的。产业融合改变了商业模式架构下的要素及要素关系，引发了商业模式的创新。

①产业融合创造了新的产品。为消费者提供产品或者服务是商业模式的核心要素之一，产业融合往往会创造出新的产品或者服务，从而开辟一个新的市场领域。比如，信息产业与装备制造、文化创意、健康医疗等产业的融合，产生了穿戴式智能设备这一全新产品（图 5-2）。

图 5-2　穿戴式智能设备——谷歌眼镜和智能手环

图片来源：互联网

②产业融合满足了新的需求。产业内企业的价值创造体现为通过提供产品或者服务满足市场需求，产业融合生产出的新产品会诱

发出新的市场需求，同时，产业融合的发生还会使市场上原本存在的潜在需求转化为现实需求，从而为全社会提供新的价值。比如，生物技术与医药产业的融合，使药品的研制周期和价格均大幅下降，使许多患者的治疗需求得到了满足。

③产业融合形成了新的资源整合方式。无论企业以何种方式向社会提供产品和服务都需要相应的资源支撑，包括人力、物力、财力、信息、技术、管理等内部资源和客户、市场、关联企业等外部资源，这些资源通过特定的方式组合在一起，实现了企业的生产经营活动。产业融合产生了新的产业，所需资源与传统产业或有不同，更为重要的是，其通常会依托科技或者管理创新，实现新的资源整合方式。比如，互联网、第三方支付和传统出租车行业的融合，产生了打车软件，它把乘客、司机、车辆以一种全新的方式整合在一起，并且把原本处在传统出租车行业之外的社会资源也调动起来，参与运输服务的供给。

④产业融合构建了新的盈利模式。传统产业内，企业盈利模式并无太大差别，基本都是依靠"赚取差价"，即提供给市场的产品或服务价格与生产这一产品或服务的成本之间的差值。由于产业融合是企业跨越原有产业边界开展生产经营活动，提供的产品或服务与原产业并不相同，或者是利用了新的资源及资源组织方式来提供产品和服务，因此也构建了新的盈利模式。比如，互联网与许多产业的融合产生了"免费模式"，现在微信、网络视频、手机游戏等很多产品和服务都不需要消费者付费，或者不需要所有消费者付费，企业通过吸引庞大流量，在广告、数据、资金沉淀、增值服务、VIP 客户等其他领域取得收益，或者在此基础上嫁接其他产品，获取更高利润。

（2）变革了产业组织方式

产业组织是指由生产同类型产品的企业在同一市场上集合而成

的产业内各企业之间的关系结构，该结构决定了企业实现规模经济效益与保持竞争活力之间的平衡。产业经济学理论构建了“市场结构（Structure）—市场行为（Conduct）—市场绩效（Performance）”的SCP分析框架来研究产业组织问题，本章借鉴这一理论，从构成产业的市场主体、企业的生产经营行为、市场的竞争格局和产业创造的价值等几个方面，探讨产业融合带来的产业组织方式变革。

①产业融合改变了市场主体。生产者和消费者是最主要的两类市场主体，由于产业融合实现了“跨界”，融合前后的市场主体必然发生变化。一方面，传统产业有“外来者”突破既有产业边界加入进来，或者传统产业边界逐渐消失，原来分属不同产业的生产者现在同处于融合后的新产业之中，在此过程中，传统企业消失、新兴企业崛起、企业之间的兼并重组都不可避免地发生；另一方面，原有产业各自面对的消费群体也融为一体，并且随着产业融合后新产品、新服务的推出，还可能培育出新的消费群体。因此，产业融合使市场主体的数量、结构、类型均产生了变化，形成新的市场结构。

②产业融合改变了企业生产经营方式。每个传统产业内的企业都有特定几类生产经营方式，如大规模集中生产、分布式网络化制造、订单生产、批发零售等等，虽然在企业发展的不同阶段或者不同企业之间会略有不同，但成熟的产业内，主流生产经营方式也是比较清晰的。产业融合发展使不同的生产经营方式发生交汇，相互取代或者衍生出新的方式。例如，传统商业银行的经营方式主要是依托广覆盖、高密度的营业网点，吸收存款、发放贷款、办理票据贴现等，与互联网产业融合的网络银行不再依赖于密集的实体网点，甚至传统银行赖以生存的存贷业务也已经不再是其主营业务，依托虚拟平台打造综合服务系统成为新的经营方式。

专栏 5-3　平安银行橙 e 网——打造中小微企业综合服务平台

2014 年 7 月，平安银行“橙 e 网”正式启动，开始探索“中小企业电子商务 + 互联网金融”的经营模式。橙 e 网是平安银行旗下供应链生意平台和金融电商平台的整合体，主要是针对广大中小微企业开放免费便捷的电商服务和在线企业资源管理系统（ERP），在此基础上，提供包括交易结算、资金流水、融资、财富管理等多类型金融增值服务。

资料来源：平安银行官方网站。

③产业融合重构了市场竞争格局。市场竞争格局与市场结构密切相关，通常产业进入成熟期都会形成比较稳定的市场结构，即完全垄断、寡头垄断、垄断竞争或者完全竞争。在不同的市场结构下，企业的竞争方式和竞争程度都有很大差别。产业融合改变了市场主体和企业的生产经营方式，市场结构也随之变化，可能从垄断走向竞争，从垄断竞争走向完全竞争，或者相反，这使得企业改变各自的竞争行为，在低成本、差异化、细分市场等不同竞争方式间转换，竞争程度可能更加激烈，也可能趋于缓和。

④产业融合创造了新的价值。产业在市场运行中创造的价值体现在多个方面，包括资源配置效率、技术进步状况、企业的利润水平、消费福利等等，这些价值通过规模经济、生产能力的充分利用、生产组织的高效率、管理科学化、创新等途径能够得到提升。在市场经济中，产业融合是竞争的结果，它相对于既有产业的优势就在于创造了新的价值，提升了市场绩效。

（3）改变了产业生命周期

每一个产业都会经历产生、发展和衰退的过程，被称为产业的生命周期，通常这一过程被划分为四个阶段——导入期、成长期、成熟期和衰退期，并被描绘为一条倒“U”形的生命周期曲线

（图 5-3）。各个产业的生命周期曲线都不尽相同，但总体而言较为平缓和漫长。产业融合给产业生命周期曲线带来了新的变化，它以技术变革或者颠覆市场需求等方式，推动产业生命周期演化，使曲线走势陡然变化甚至改变趋势。比如，在产业的导入期，产业融合带来的技术变革使投入和成本大幅下降，或者生产的新产品引起需求爆发式增长，使得产业快速进入成长与成熟期；再如，在产业的衰退期，产业融合使传统产业重新焕发生命力，再次显示出成长期或者成熟期的特征。产业融合推动传统产业升级或产生新兴产业的案例如表 5-1 所示。

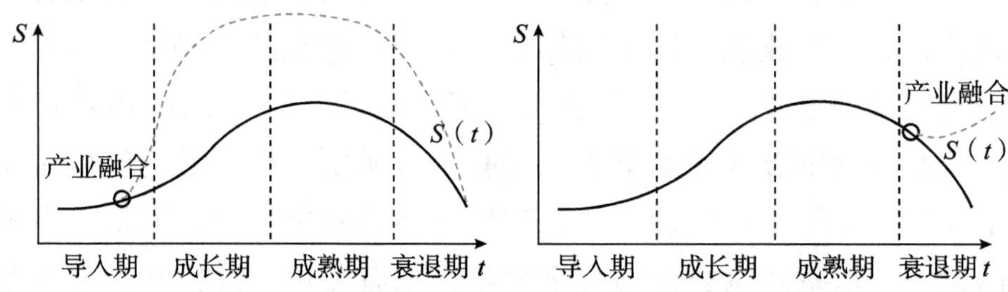

图 5-3　产业融合改变产业生命周期曲线

产业融合推动传统产业升级或产生新兴产业的案例　表 5-1

融合结果	具体表现	案　　例
商业模式创新	创造新产品	信息产业与装备制造、文化创意、健康医疗等产业的融合，产生了穿戴式智能设备这一全新产品
	满足新需求	生物技术与医药产业的融合，使药品的研制周期和价格均大幅下降，使许多患者治疗需求得到满足
	新的资源整合方式	互联网、第三方支付和传统出租车行业的融合，产生了打车软件，把乘客、司机、车辆以一种全新的方式整合在一起，并把原本处在传统出租车行业之外的社会资源也调动起来，参与运输服务的供给

续上表

融合结果	具体表现	案例
商业模式创新	新的盈利模式	互联网与许多产业的融合产生了“免费模式”，微信、网络视频、手机游戏等很多产品和服务均不需要消费者付费，或者不需要所有消费者付费，企业通过吸引庞大流量，在广告、数据、资金沉淀、增值服务、VIP客户等其他领域取得收益，或者在此基础上嫁接其他产品，获取更高利润
产业组织方式变革	市场主体改变	手机与智能化产业融合使摩托罗拉、诺基亚等传统企业衰落，苹果公司等新兴企业迅速崛起
	企业生产经营行为改变	传统商业银行的经营方式主要是依托广覆盖、高密度的营业网点，吸收存款、发放贷款、办理票据贴现等，与互联网产业融合的网络银行不再依赖于密集的实体网点，甚至传统银行赖以生存的存贷业务也已经不再是其主营业务，如平安银行橙e网依托虚拟平台打造中小微企业综合服务体系
	市场竞争格局改变	互联网与交通运输产业融合产生的共享交通模式，改变了城市公共交通、出租车等自然垄断格局
	创造新的价值	产业创造的价值体现在资源配置效率、技术进步状况、企业的利润水平、消费福利等方面，产业融合通过规模经济、生产能力的充分利用、生产组织的高效率、管理科学化、创新等途径使这些价值得到提升
产业生命周期改变	导入期融合	在产业的导入期，产业融合带来的技术变革使投入和成本大幅下降，或者生产的新产品引起需求爆发式增长，使得产业快速进入成长与成熟期
	衰退期融合	在产业的衰退期，产业融合使传统产业重新焕发生命力，再次显示出成长期或者成熟期的特征

5.3 电子商务与电商物流的发展状况

5.3.1 电子商务发展状况

（1）国际电子商务发展状况

①电子商务起步于美国。20 世纪 90 年代中期，互联网得到商业应用以后，电子商务作为一种以互联网为手段，对商品和服务进行展示、交易和结算的经济活动在美国首先出现。1994 年 8 月 11 日，美国 Net Market 成功实现了第一笔网络零售交易，开启了全球商业零售业的电子商务时代。1995 年 7 月，美国亚马逊（Amazon）网络书店上线运营，两年后取得巨大成功，掀起了席卷全球的电子商务风暴。1998 年，美国网络零售交易额约为 49.8 亿美元，2017 年已达到 4520.8 亿美元，年均增长率达到 26.8%。

②电子商务产业在全球的市场分布。电子商务不仅在美国得到了快速发展，在其他国家和地区也呈现出迅猛发展态势。2017 年，全球网络零售交易额高达 23040 亿美元，占全球零售总额的比重已达到 10.2%。从地区分布来看，亚太已成为全球网络零售最大的市场，也是规模扩张最高的地区，2017 年交易额达到 13491.5 亿美元，其次为北美，为 4868 亿美元（图 5-4）。

③电子商务企业的市场份额。经过多年激烈的市场竞争，全球网络零售产业已经形成了较高的市场集中度，尤其是平台型电子商务企业的几大巨头实力雄厚。2016 年全球前十大电商平台网络零售总交易额超过 9000 亿美元，占全球市场份额达到 54.8%，其中排名前两位的阿里巴巴（Alibaba）和亚马逊（Amazon）分别为中国和美国企业，总交易额接近 7000 亿美元，占比近 40%（图 5-5）。

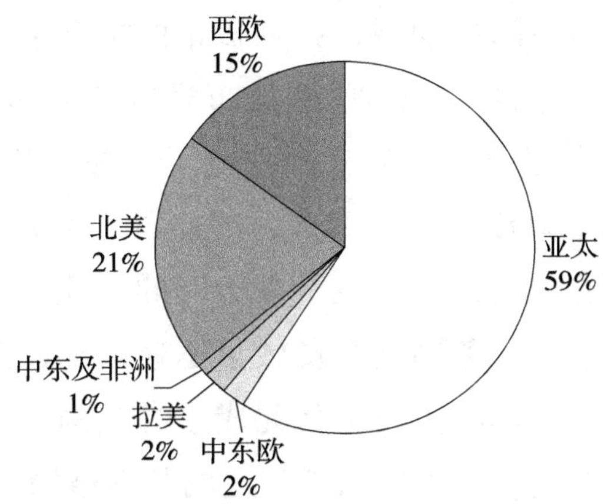

图 5-4 2017 年全球网络零售交易额地区分布

数据来源：eMarketer.

前十大电商企业除一家为日本企业之外，其余均为中国和美国企业，其中美国企业 5 家，中国企业 4 家。

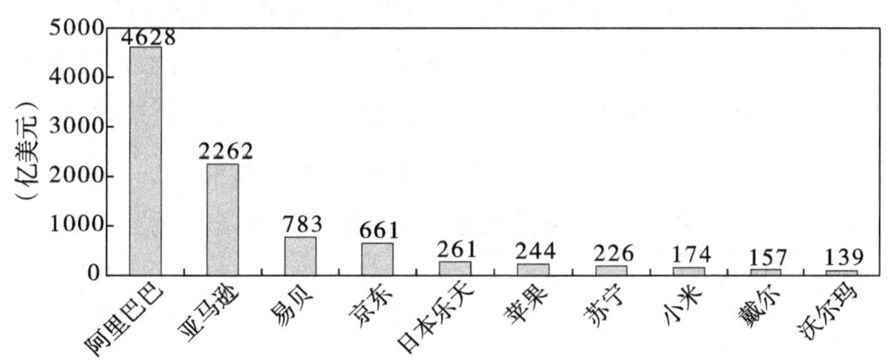

图 5-5 2016 年全球前十大电商平台零售交易额

数据来源：搜狐网。

（2）我国电子商务发展状况

①我国电子商务产业的起步。相比于欧美国家，我国电子商务起步略晚，但成长十分迅速。1999 年，王峻涛和邵亦波先后创办了国内第一家 B2C 电子商务网站“8848”和 C2C 电子商务平台“易趣网”，我国开始进入电子商务网络零售时代。此后 3 ~4 年，随着我国信息化水平不断提高和互联网应用逐渐普及，各类电商平台如

雨后春笋般在网络空间中涌现，并在资本的推动下急速扩张，国际电商巨头也抓住中国加入 WTO 开放市场的历史机遇，通过注资、并购等方式进入中国市场，为我国的电子商务零售业带来了资金、技术和新的理念。2003 年，中国遭遇“非典”侵袭，却给电子商务带来了意外的发展契机，人们在减少出行的情况下，将大量消费需求转向网络，各电子商务网站会员数量迅速增加，并且部分实现盈利。同年，阿里巴巴集团投资 1 亿元成立淘宝网，一个电商帝国开始崛起，并初步奠定了中国网络零售业的基本格局。

②我国电子商务产业的快速成长。2003 年以来，我国网络零售市场规模以年均超过 70% 的速度递增，网络零售企业与网购用户数年均增长率均超过 30%。截至 2017 年年底，我国网购用户规模达到 5.33 亿人，占全体网民总数的近 70%，占全国总人口的 38.3%。2017 年，中国电子商务市场交易规模达到 29.2 万亿元，同比增长 11.7%，其中，网络零售市场交易额 7.18 万亿元，同比增长 32.2%，其中，实物商品网上零售额 5.48 万亿元，同比增长 28.0%，占社会消费品零售总额的 15.0%（图 5-6、图 5-7）。

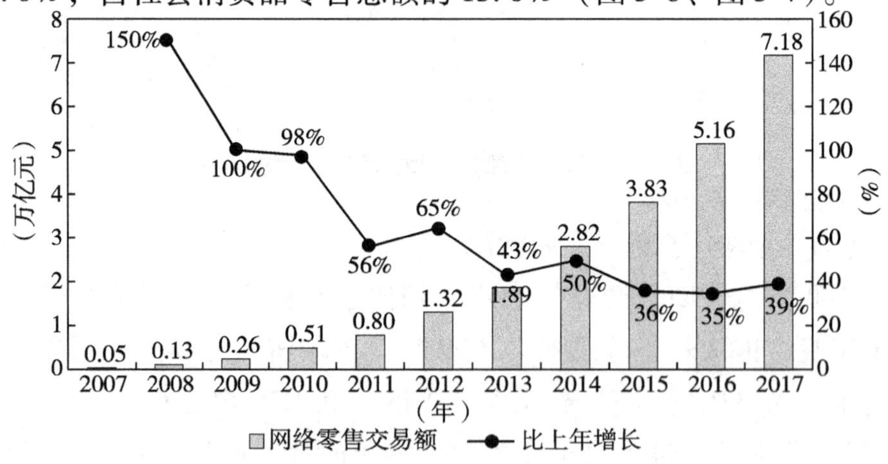

图 5-6　2007—2017 年我国网络零售交易额及增长速度

数据来源：商务部历年《中国电子商务报告》。

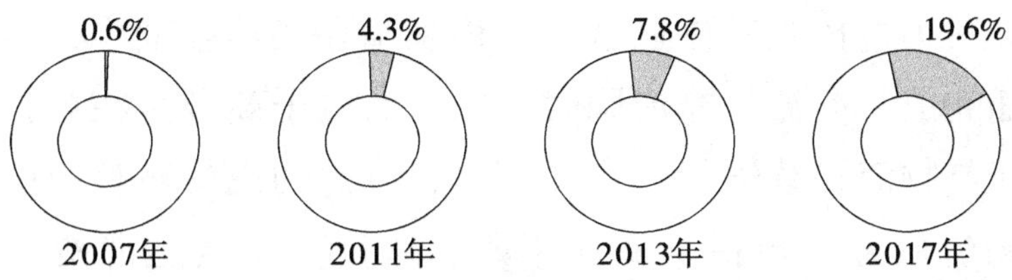

图 5-7 2007—2017 年我国网络零售交易额占社会消费品零售总额比例变化
数据来源：商务部历年《中国电子商务报告》。

③我国电子商务企业的市场份额。中国网络零售市场的集中度高于全球总体水平，CR4（行业前四名份额集中度）90%，属于极高寡占型的市场结构。尤其在 C2C 领域，几乎是阿里巴巴集团旗下的淘宝网一家独大，其市场份额已连续多年超过 95%，在 B2C 领域，同样隶属于阿里巴巴集团的天猫商城占据了半壁江山，京东商城等企业也拥有较大市场份额（图 5-8）。

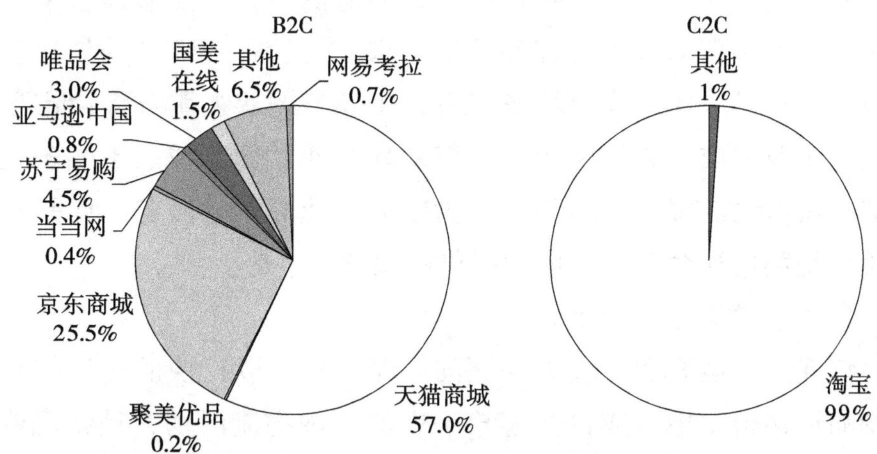

图 5-8 2013 年我国网络零售企业市场份额
数据来源：中国电子商务研究中心《2013 年度中国电子商务市场数据监测报告》。

5.3.2 电商物流发展状况

（1）电商物流的特点

与传统零售业相同，电子商务完成了商品所有权的转移，实现了商流，只不过传统零售业这一过程发生在实体空间中，由交易双方面对面完成，商流与物流同时进行，而电子商务是在虚拟空间完成，商流与物流接续进行。广义而言，电商物流是对整个电商产业提供的物流服务，包括从商品采购、进货直至送达消费者的全过程，但与传统零售业相比，电商物流在厂家（供应商）到商家这一段并无明显差别，而且在电商时代，很多厂家就是商家，供应链前端物流过程被极度简化。因此，对电商物流的研究主要聚焦于狭义的商品从商家到消费者的流动过程，即依据订单出货并送达消费者，通常可以被简化为两个紧密衔接的环节，一是卖方接受订单并发货，二是将商品快速送达买方。电商发展初期，前一个环节多由商家自主完成。随着电商产业规模的扩大，这一环节开始向社会化、专业化方向发展，特别是一些大型电商平台，能够整合平台上众多第三方卖家的订单管理和发货需求，与后一个环节的快递服务商对接，提供一体化物流服务。后一个环节的快递服务多由市场上的快递企业完成，有的由快递与落地配企业共同完成。不同于发货环节，快递物流服务并不是专门为电商企业提供的服务，而是从一开始就是利用社会资源为电商提供的服务。

（2）快递业的发展状况

快递是承运方运用较为快捷的运输方式，以较快的速度将特定的物品运达指定地点或目标客户手中的一种物流活动，是物流业的重要组成部分。快递业一般运用专用工具、设备和应用软件系统，对快件开展揽收、信息录入、分拣、封发、转运、投送、查询、疑难快件处理等业务活动，特点在于批量小、速度快、“手到手”服务，其费率水平要远远高于一般零担货物，吨公里费用至少在10倍以上。快递企业是电子商务主要的物流服务商，但快递企业并不是只服务于电子商务，快递与电子商务产业之间的关联程度在国内国外有很大差别。

①国外快递业发展状况。一般认为现代快递业起源于20世纪五六十年代的美国，服务业和高新技术产业兴起，快速、可靠地传递商业文件或小件包裹的需求迅猛增加，同时，航空业和信息技术的蓬勃发展为满足这种需求带来了可能，快递业应运而生。经过半个多世纪的发展，快递业的网络与服务范围已遍布全球，业务领域不断拓展，目前全球三大快递公司——联合包裹（UPS）、联邦快递（FedEX）和敦豪（DHL）均已发展成为集快递、货运、金融、供应链管理于一体的跨国物流集团。北美、欧洲等地区快递业起步早，发展较为成熟，在商务、生产制造和居民生活等领域已经培育起具有一定规模的市场，电子商务的出现为快递业又开辟了新的领域。快递业兴起以来，美国曾长期占据全球最大快递市场的位置，2013年完成快递业务量约100亿件。尽管2014年以后，美国快递业在国内市场规模方面被中国超越，但产业一直保持很强的国际竞争力，并且拥有非常高的市场集中度，前三大快递公司的市场份额占到90%左右。

总体而言，相比于我国，国外快递业具有三个显著特点，一是建立了广泛的业务网络和系统的业务体系，具有很强的增值服务能力，二是市场集中度高，具有一定的市场主导能力，三是在电子商务出现以前已经完成了市场培育，掌控了货源和形成了规模经济，不依赖于电子商务的发展。

②国内快递业发展状况。我国快递业起步较晚，1980年和1984年中国邮政分别开办了全球邮政特快专递业务（EMS）和国内特快专递业务，成为我国最早的快递服务运营商。1993年，上海盛彤实业有限公司成立，这是我国第一家发展至今的民营快递企业，也就是现在被熟知的申通快递。此后，顺风、宅急送、天天、韵达、圆

通、中通、汇通（现改名为百世汇通）等一批民营快递企业相继出现，为市场注入了活力。目前，全国共有经营快递业务的大小企业3万余家，其中在工商部门注册登记为快递企业的已达到2000余家，分支机构更多达5000余家，分为国有、外资、民营三大类。2017年，全国快递服务企业业务量累计完成400.6亿件，业务收入累计完成4957.1亿元，近十年年均增长率分别达到38.8%和28.3%，市场规模连续4年位居世界第一（图5-9、图5-10）。

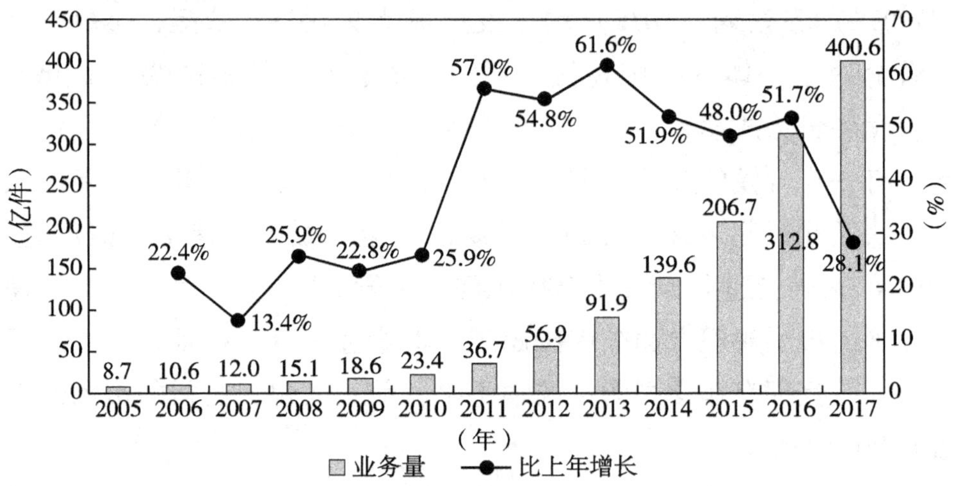

图5-9　2005—2017年我国规模以上快递企业年业务量及增长率

数据来源：根据国家邮政局公布数据整理计算。

与欧美国家相比，我国快递业市场集中度较低，并且呈逐年下降趋势，2009—2016年，CR4业务量和业务收入分别从77%和69%下降至49%（图5-11）。快递业是一个规模经济性十分显著的产业，业内领导者具有明显的比较优势，而我国快递业市场集中度却逐年下降，而且2009年CR4业务量还显著高于业务收入，显示出单位收入水平低于行业平均水平，而2016年二者已基本持平，说明几年前业内领导者可能还存在的规模经济或者成本领先优势，如今已不复存在。

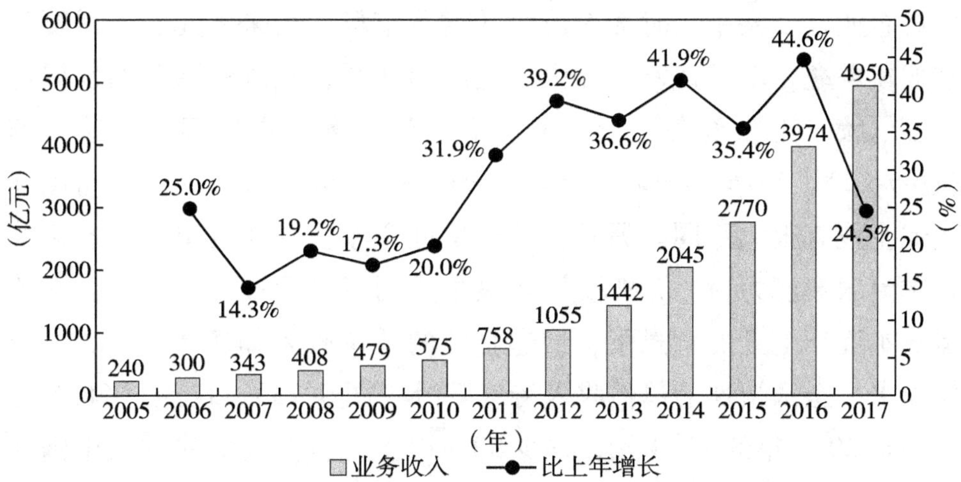

图 5-10　2005—2017 年我国规模以上快递企业年业务收入及增长率

数据来源：根据国家邮政局公布数据和搜狐财经快递行业研究报告数据整理计算。

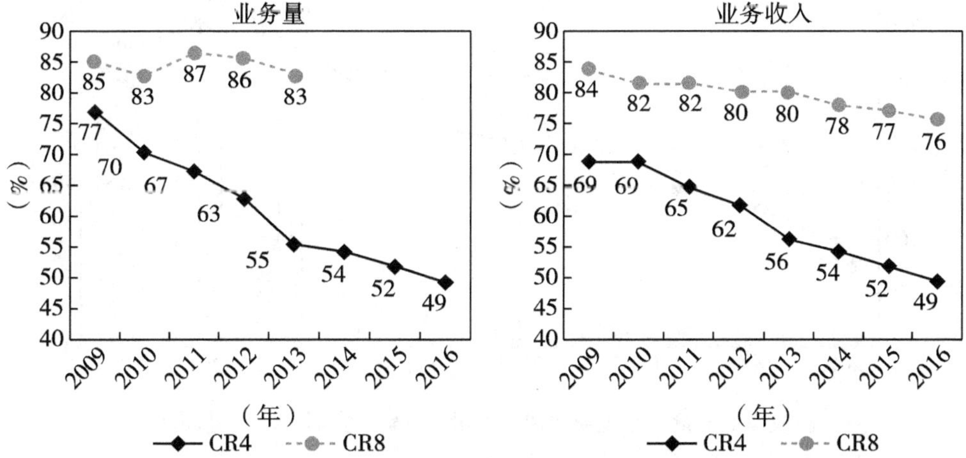

图 5-11　2009—2016 年我国快递业业务量与业务收入市场集中度比较

数据来源：根据国家邮政局公布数据和《2013—2017 年中国快递业市场前瞻与投资战略规划分析报告》《2017 年我国快递行业市场集中度及市场规模预测》及相关上市公司年报整理计算。

这一情况的出现很大程度上缘于电子商务的迅猛发展。2008 年，我国电子商务市场规模增长了 150%，2009—2010 年又连续两年增长 100% 左右。电子商务对快递服务的旺盛需求使得快递业的所有企业在发展中同时面对巨大的增量市场，后来者几乎不需要跨越规模壁垒，就迅速发展壮大。正因为如此，我国快递业的发展也高度依赖于电子商务，全行业电商物流业务量占比逐年快速提高（图5-12），2016年虽略有下降70%，但仍高达72.3%，这与国际快递企业有很大不同。另外，我国快递企业业务较为单一，缺乏综合物流服务能力，“价格战”是最主要的竞争手段，近年来，在营运成本逐年上升的背景下，快递企业的单位收入却逐年下降，2007年以来，全国快递的单件收入持续下滑（图5-13），已经从28.5元下降至2017年的12.4元，减少50%以上，行业利润率远低于国外大型快递企业。

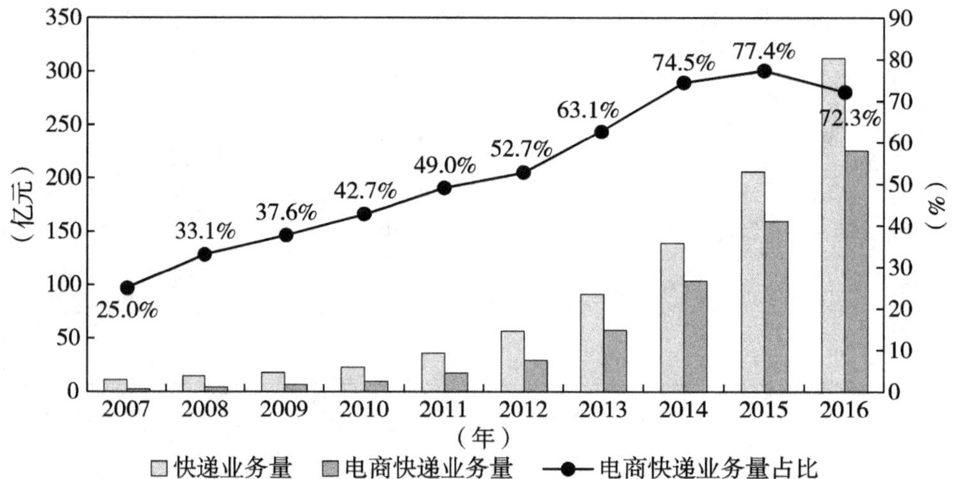

图5-12　2007—2016年我国快递业务量及电商快递业务量对比

数据来源：根据国家邮政局公布数据计算。

（3）国内外电商物流模式对比

电子商务的发展与物流服务密不可分，它几乎不可能摆脱物流而单独存在。不仅如此，物流服务能力对于电子商务也至关重要。一方面，物流服务成本对电子商务企业的市场拓展和盈利能力起到关键性的作用，据相关调查，物流费用是大多数电子商务企业仅次于商品销售费用的一项成本支出，对企业的盈利能力和盈利水平具有重要影响；另一方面，电商企业不直接面对消费者，物流服务却能给消费者最直观的感受，服务效率与质量是影响电商企业市场份额的重要因素。

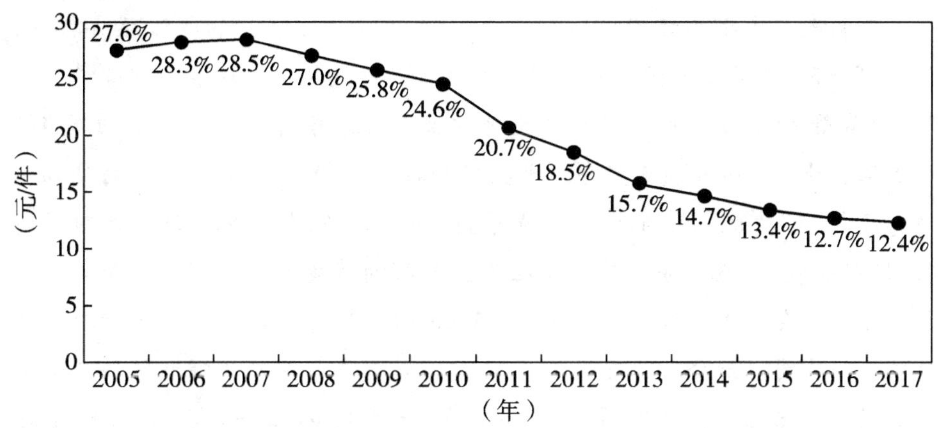

图 5-13　2005—2017 年我国快递业单件业务收入变化趋势

数据来源：根据国家邮政局公布数据计算。

①国外电商物流服务基本模式。鉴于物流服务的重要性，全球电子商务企业都在努力降低物流成本，提高物流服务水平，在此过程中形成了三种主要的物流服务模式，分别是以亚马逊为代表的“自建＋外包”模式、以易贝为代表的“外包”模式和以奥托(Otto)为代表的“自建”模式。其中，前两种模式被更加广泛地采用，第三种模式在国外并不多见。

专栏 5-4　　国外电商物流服务模式案例

亚马逊“自建＋外包”物流服务模式

亚马逊是美国最大的网络零售电子商务公司，1995 年从线上经营图书起家，并不断扩大产品销售目录，同时通过多轮融资与并购迅速发展壮大，目前其经营范围已覆盖书籍、电子产品、家居产品、个人用品、工业品等众多领域，2016 年交易额达到 2262 亿美元，居全球第二位。亚马逊刚刚创立时只是一家单纯的 B2C 网络零售商，随着规模的扩大和商品品类的不断丰富，亚马逊将平台开放，引入第三方卖家，建立了 B2C 和 B2B2C[1]两种商业模式，成为北美和欧洲最大的综合型网络零售电商平台。

亚马逊在多年的经营中逐渐建立了“自建 + 外包”的物流服务模式，“自建”部分主要是物流中心的建设与运营，而运输和配送业务则进行“外包”。截至 2016 年，亚马逊已在全球建立了 120 多个运营中心，覆盖 185 个国家和地区，并凭借云服务、大数据等技术优势，利用 IT 手段将货物运输、装卸、订单处理、配送、退货等整个流程进行数字化管理。但对于货物国际运输和快递服务，亚马逊在北美与欧洲市场始终采用外包策略，联邦快递、联合包裹、基华物流（CEVA Logistics）等物流公司成为其专业物流服务供应商。如今，亚马逊依靠完善的物流体系建立了强大的供应链管理能力，物流服务也不再是亚马逊的一项内部业务，其推出的 FBA (Fulfillment By Amazon)服务是为平台上的第三方卖家和平台外的电子商务企业提供的外包物流服务，目前该项服务的毛利率已高于亚马逊自营电商业务，亚马逊成功搭建了一个向社会开放的公共物流服务平台。

易贝“外包”物流服务模式

易贝是全美第二大网络零售电子商务公司，也是全球市场覆盖范围最广的拍卖及购物网站，目前已在北美、欧洲、亚洲、澳洲等很多地区开设了站点，聚集了 2 亿多注册用户和来自 30 多个国家的卖家，2016 年交易额达到 783 亿美元，仅次于亚马逊位列全球第三。易贝与亚马逊几乎同时期创立，但不同于亚马逊以自营业务起家，易贝从创立至今一直是一个网络零售交易平台，以撮合 B2C、C2C 交易的商业模式为主。

易贝的物流服务几乎全部借助外部资源提供，它依托网络购物平台整合

[1] Business to Business to Customer，第一个 B 指广义的卖方，第二个 B 指电商交易平台，C 指买方，是指电子商务企业通过打造交易平台联系买卖双方的电子商务运作方式。

商品交易订单与信息资源，联合美国邮政（USPS）、联邦快递、联合包裹、敦豪、天地物流等大型物流公司建立了物流联盟，为平台上的卖家和消费者提供全程物流服务。由于易贝在全球网络零售市场上具有较高的市场份额，兼有国内业务与国际业务，是物流公司重要的大客户，因此，易贝借助物流联盟能够为平台上的卖家争取到相对低廉的服务价格和优先的服务保障。而且，与易贝合作的物流公司均为实力雄厚的国际物流企业，已建立起覆盖全球的服务网络，并拥有先进的物流管理技术与理念，不仅能够为易贝用户提供高质量的货物递送服务，而且能够整合供应链前端，为商家提供货物的运输、仓储、订单执行直至送达客户的一体化供应链管理服务。

奥托“自建”物流服务模式

奥托集团是来自德国领先的电子商务解决方案及服务的提供商，也是欧洲最大的网络零售企业，在全球拥有123家公司，各子公司和分支机构遍布欧洲、北美和亚洲20多个国家。2013年，奥托集团网络零售交易额达到80亿美元，位居全球第八位。奥托与亚马逊、易贝拥有完全不同的发展历程，后两者均为近20年来伴随互联网迅猛发展而快速成长起来的新兴企业，主要开展线上零售业务，几乎没有线下销售渠道。相比之下，奥托有着更为悠久的历史，公司初创于1949年，起步于商品邮购业务，至今仍为全球最大的邮购公司。公司在发展过程中先后建立了实体零售商店和线上购物网站，成为规模庞大的多渠道零售商。

或许正因为企业发展历程和业务布局的巨大差异，奥托与全球大多数诞生于互联网浪潮的电商企业采取了迥然不同的物流策略，“自建”物流体系和开放物流平台是其重要的发展战略，而这一点与另一家同样拥有线上线下多个销售渠道的国际零售业巨头——沃尔玛颇为相似。奥托集团旗下的赫尔墨斯物流公司（Hermes Logistic Gruppe）是欧洲著名的物流服务供应商，它不仅服务于奥托集团的邮购和在线零售业务，而且面向第三方和私人用户提供物流服务。赫尔墨斯物流公司自成立以来，凭借低成本和专业化服务实现了快速扩张，并与敦豪等德国著名物流公司展开激烈竞争，目前公司营业收入超过一半来自于奥托集团外部客户，其客户中还包括亚马逊等大型电子商务企业。

②我国电商物流服务典型模式。我国电子商务物流服务模式大致也可分为“自建+外包”、“外包”和“自建”三种模式，但不同的是，大多数国际电商企业通常采用上述前两种，较少采用第三种服务模式。而国内电商企业在发展初期多采用物流“外包”服务模式，随着企业的发展壮大，开始自建物流体系，从自建物流中心到自建配送团队，直至最后一公里的包裹递取，物流体系不断完善，“自建”或“部分自建”的物流服务模式已经成为国内电商企业完成物流服务的主导方式。

专栏5-5　我国电商物流服务模式案例

京东商城的自建物流体系

京东商城（以下简称京东）是我国成立较早的B2C电子商务企业，以3C产品[1]的网络零售起家，后来发展为综合性电商，并向第三方卖家开放了交易平台。2017年，京东全年交易额（GMV）突破万亿元，达到1.29万亿，占全国B2C电子商务市场份额的25.5%，在国内位居第二位，年度活跃用户数近3亿人。京东自2007年开始自建物流体系，是我国最早自建物流的电商企业之一，2010年成立上海园迈快递公司，2017年宣布成为京东物流集团。目前，京东在全国运营超过500个大型仓库，物流基础设施总面积超过1200万平方米，包括14座亚洲范围内建筑规模最大、自动化程度最高的现代化物流中心“亚洲一号”。依靠强大的物流体系，京东物流大件和中小件配送网络已实现我国大陆行政区县100%覆盖，自营配送服务于全国99%的人口，90%以上的订单24小时送达，物流效率与服务水平在行业内处于领先地位。同时，物流也成为京东一项巨大的成本支出，2017年四季度，京东物流履约成本占净收入的比重达到7.2%，为最大一项运营费用，占总体运营费用的比重约50%。

[1]计算机（Computer）、通信（Communication）和消费类电子产品（Consumer Electronics）的统称。

阿里巴巴的“菜鸟”网络

阿里巴巴是我国也是全球最大的一家电子商务企业，其业务模式为构建电商平台，而不参与商品交易。自 1999 年成立以来，先后涉足 B2B、C2C 和 B2C 等电子商务领域，逐渐成为产业内的领军企业。2017 年，阿里巴巴实现交易额 5.3 万亿元，其中，B2C 业态的天猫和 C2C 业态的淘宝在全国的市场份额分别达到 57% 和 99%。巨大的市场份额需要庞大的物流体系提供服务支撑，阿里巴巴在成立以来的 10 多年时间内基本采用外包物流服务方式，并在与合作伙伴的共同成长过程中，逐步建立起较为稳固的物流战略联盟。近年来，阿里巴巴开始着手自建物流体系，不仅合资建立了日日顺物流公司，参股百世汇通等快递企业，更全力打造“菜鸟”物流服务体系。

2013 年 5 月，阿里巴巴集团、银泰集团联合复星集团、富春集团、顺丰集团、三通一达❶，以及相关金融机构共同组建“菜鸟网络科技有限公司”，并启动“中国智能物流骨干网”项目（CSN，以下简称“菜鸟”网络），目标是用 5 ~8 年的时间打造一个开放的社会化物流大平台，在全国任意一个地区实现 24 小时货物送达服务，意在为阿里巴巴电子商务产业提供强大物流服务支撑的同时，也为全社会提供高品质的物流服务。“菜鸟”网络的基本架构是，依托互联网技术，整合网络零售商家、消费者、商品和各类物流企业的信息资源，建立大数据平台，打造“天网”；以自建、共建、改造、合作等多种模式，在全国范围内建设公共仓储配送设施，布局“地网”；凭借“天网”、“地网”集聚的资源和构建的规模化、网络化优势，将网络零售商家和干线运输、仓储配送、快递等物流企业纳入“菜鸟”物流服务体系，完成供需对接，实现社会化物流大平台的高效运转。

---

❶指申通、圆通、中通、韵达四家民营快递企业，在全国快递企业排名中位列 3 ~6 位，为阿里巴巴集团主要的物流合作伙伴。

(4) 国内外电商物流差异化发展的主要原因

总体而言，全球电商物流均起步于服务外包，但随着电子商务产业规模的发展壮大，国内外电商物流发展路径却大相径庭。国外绝大多数电商企业坚持采用社会化的物流服务模式，即使亚马逊这样的产业巨头也是自营物流中心，而将商品运输配送服务委托专业物流企业，并且在全球范围内，亚马逊截至目前只在中国自建了配送队伍；国内则是越来越多的电商企业加入自建物流体系的队伍，不仅纷纷在各地拿地建设自营物流中心，而且竞相成立、控股和注资快递企业，不断扩张物流配送网络。国内外电商物流不同的发展模式背后，原因错综复杂。

①我国电商物流起点较低，服务支撑力不足。国外物流业起步较早，在电子商务刚开始出现的21世纪90年代中后期，联邦快递、联合包裹、敦豪等物流企业至少已经历了20余年的发展，有的企业甚至已有近百年历史，在漫长的发展过程中，物流网络遍布全球，服务体系日臻完善，成为实力雄厚的跨国物流集团。电子商务企业选择这些跨国物流集团作为物流合作伙伴，一方面能够得到优质的物流服务，并以物流为支撑在全球范围内快速扩张产业布局，另一方面，物流产业具有明显的网络规模效应，国外物流市场已充分发育，专业物流公司已经建立起规模经济优势，电子商务企业外包物流相比于自建物流体系成本更低，效率更高，服务水平也更有保障。

我国物流业起步较晚，作为当前电子商务主要的物流服务供应商——民营快递多成立于1993年以后，其网络布局和产业扩张几乎与电子商务同步展开。当前，我国电子商务产业的成长势如破竹，网络零售的年复合增长率超过60%。电子商务的发展必须得到物流服务的支撑，然而，物流作为重资产产业，其扩张速度受到资金、土地、人才、管理能力等诸多限制。我国电子商务与快递业增长率对比见图5-14。近年来，我国快递业已经实现了超常规增长，但50%左右的年复合增长率仍远远落后于电子商务的发展，而且相比于国际物流巨头已经建立起的多式联运、仓储配送、快运快递、供应链管理、信息与金融等一体化与增值服务体系，国内物流企业的服务能力存在显著差距。同时，物流业在急速扩张过程中，也暴露出管理跟不上、服务水平下降等问题，在电子商务扩张最为迅速的县域市场，物流网络构建与服务配套能力更显滞后。物流服务是网络购物客户体验的关键环节之一，也是影响电子商务发展的核心竞争因素。在发展初期，我国网络购物消费者投诉案件中，约有1/4源于物流服务领域，物流一度成为制约电子商务发展的瓶颈。为了摆脱瓶颈，弥补服务短板，建立竞争优势，一些电商企业不得不选择自建物流体系。

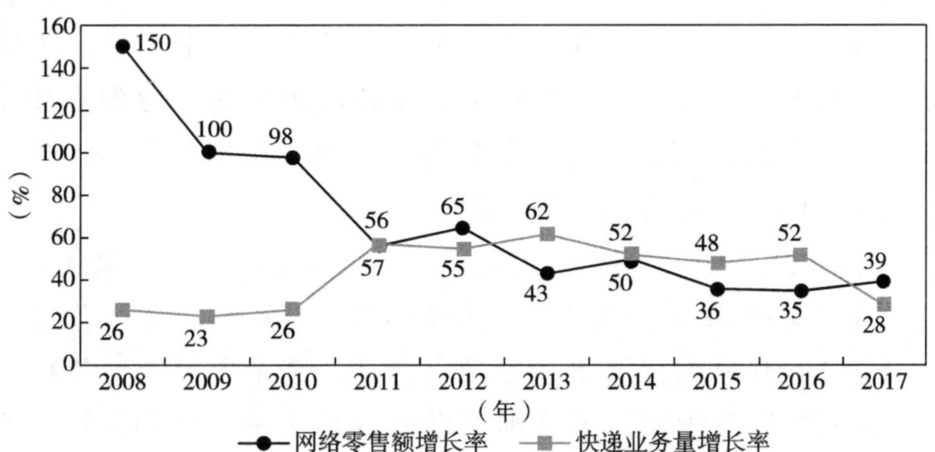

图5-14 2008—2017年我国电子商务与快递业增长率对比

数据来源：根据历年国家邮政局《邮政行业运行情况》和商务部《中国电子商务报告》计算。

②商业模式以综合网站为主，自建物流体系更有优势。国外电

子商务企业多起步于垂直网站[1]，随着企业的发展，有的扩展为综合电商，但更多企业保持了垂直电商的发展战略，为消费者提供了更多的选择和更专业化的服务。在我国，排名前几位的网络零售企业几乎均为综合电商，一些原本定位于垂直电商的平台，近年来也纷纷转型综合网站。综合电商商品种类要远远高于垂直电商，其供应商数量与消费群体分布也更加庞大和复杂。比如垂直电商苹果（Apple）的SKU[2]为2.6万个，核心供应商只有156家，而综合电商亚马逊的SKU却高达1.35亿个，核心供应商就超过30万家。因此，综合电商的物流管理难度要远远高于垂直电商，我国现有物流服务水平愈加难以满足需求。更为关键的是，综合电商更加需要依靠网站浏览与销售情况产生的即时数据信息，驱动供应链管理与物流操作，即电商与物流环节更加紧扣，一体化和协同要求更高，但这其中涉及的商业机密却是电商企业不愿分享的。同时，综合电商的多品类营销策略能够消除不同商品销售的季节性与周期性波动，使物流服务能力得到更加充分的利用，为自营物流创造了条件。因此，在国外，绝大多数自建物流体系的也都是综合电商。

③国内电商产业集中度较高，更易跨越物流业进入壁垒。在电子商务起步最早的美国，交易额CR4只有63.3%，除占据49.1%市场份额的亚马逊一家独大之外，其余电商企业规模较为接近；在物流领域，美国则早已形成寡头垄断格局，快递业

---

[1]垂直网站是指注意力集中在某些特定的领域或某种特定的需求，提供有关这个领域或需求的全部深度信息和相关服务的网站。

[2]SKU即库存量单位（Stock Keeping Unit），现在被引申为产品统一编号的简称，对一种商品而言，当其品牌、型号、配置、等级、花色、包装容量、单位、生产日期、保质期、用途、价格、产地等属性与其他商品存在不同时，可称为一个单品。

的三巨头——联邦快递、联合包裹和美国邮政占据了本土近90%的市场份额。不仅如此，美国物流巨头往往横跨航空、铁路、公路零担运输、仓储配送、快递、供应链管理等多个领域，形成巨大的业务流程一体化和规模经济优势，为新加入者设置了巨大的进入壁垒。因此，在美国，电商与物流之间并不存在哪一方的压倒性优势，电商是物流企业的重要客户群体，而物流也始终是电商产业一项较大的成本支出，这种情况在其他发达国家和地区也普遍存在。

与国外平均水平相比，我国的电商产业集中度明显更高，2017 年 CR4 高达 94%，其中排名第一的阿里巴巴集团独占超过 80% 的市场份额，排名第二的京东也占据了近 15% 的份额。反观中国物流业，产业集中度远低于电商产业。近年来，快递行业整体竞争程度不断提高，市场集中度、单件收入均呈逐年下降趋势，CR4 已降至49%。更为重要的是，由于我国物流业起步较晚，市场发育不足，尤其是快递业的市场需求主要来自电商产业，目前超过 70% 的快递包裹由网络购物产生，快递业已经对电商产业形成巨大的依赖性，排名在快递业前十位的企业中，除了 EMS 和顺丰，几乎其他企业业务量中 80% 以上均来自电商。因此，我国电商巨头对物流掌握着绝对话语权，仅仅依靠其自身需求进入物流市场就足以形成巨大的竞争优势，而其他中等规模电商企业部分出于对大型电商垄断物流渠道的担心，也开始自建物流体系。

④投资与产业发展环境引导电商企业涉足物流。处于扩张期的电子商务产业需要巨大的资金投入，据相关监测，2017 年前 8 个月全球共发生 603 次电子商务投融资活动，总金额约为 128 亿美元，其中风险投资与并购占融资总额的 90% 以上。在我国当前第三产业发展水平普遍不高、商业模式创新性不足的总体产业发展环境下，

加之21世纪初全球互联网经济泡沫破裂的阴影尚未消散，投资者对实体有形资产的投资信心更强、投资意愿更大，实物抵押也是最简便易行获取银行贷款的途径。一些电商企业出于融资的考虑，通过自建物流体系积累实物资产，如2014年赴美上市的京东商城在路演过程中，其庞大的物流网络成为一大亮点，此次IPO共募集资金17.8亿美元。在各地招商活动中，地方政府出于税收、调整产业结构或树立城市形象等考虑，纷纷以更加优惠的政策向电商企业抛出橄榄枝，而获取土地出让、自建物流体系成为电商企业与地方政府合作的最佳契合点，稀缺土地资源的未来升值空间也在一定程度上化解了电商企业自建物流体系的成本与风险。

5.4 物流与电子商务融合的发展规律

尽管国内外电子商务、电商物流的发展背景、成长历程、演进路径和产业成熟度等不尽相同，电商物流模式也存在很大差别，但不可否认的是，对照产业融合的内涵，无论在国内还是国外，电子商务与物流融合发展的趋势都已经或多或少地出现了，只不过在我国两个产业均起步相对较晚的情况下，产业融合的深度、广度、速度都全面超越了先行者。这究竟是“冒进”、“走弯路”还是具备条件的“弯道超车”，要看它是否符合产业的发展规律与发展要求。

5.4.1 电子商务与电商物流的产业特点

（1）电子商务的产业特点

①商业模式的特点。

a. 用新的产品来满足传统需求，并发掘了潜在需求。电子商务的本质是开辟了一个新的商业渠道，搭建了一个新的交易平台，它与传统零售业面对的是几乎相同的市场需求，只是以一种新的服务来满足传统需求，用“足不出户”、“多选择性”、“低价”等为传统产品贴上新的标签。但是，电子商务不受地域限制，只要连接互联网，在世界上任何一个角落的需求都能够得到平等地满足。因此，电子商务在线下零售网络未覆盖和传统零售业不发达地区满足了潜在需求。另外，电子商务在虚拟空间交易，商品的实际状况更容易偏离消费者预期，相比于传统零售业退换货率更高，有相当比例的商品处于双向流动中。

b. 整合了数据与资金资源，革命性的资源组织方式。相对于传统零售业，电子商务整合了更多资源，其中最有价值的是数据和资金。除了交易信息，一般消费者不会在传统零售企业那里留下任何数据，但是电子商务却记录了每个消费者的所有行为轨迹和个人信息，进而勾勒出单个和群体的“消费者画像”（图 5-15），然后将消费者划分为不同群组（图 5-16），据此开展研发、生产、销售、推广、售后等一系列业务活动，构建了一个完整的利用数据资源组织生产经营的过程（图 5-17）。电子商务非“一手交钱一手交货”的交易模式只能依赖于第三方支付，于是大量资金沉淀于电商平台，成为电商企业在一定限期内无偿或低成本使用的资金资源。对资源组织方式，电子商务也发生了革命性的变化，它以平台集聚消费者、商家、厂家和第三方服务供应商，撮合各种类型的交易，实现多种组合、各方互动的资源组织，更为重要的是，通过资源整合与大数据分析，对消费者的未来消费行为做出较为准确的预测，为接续的物流服务需求做出预判。

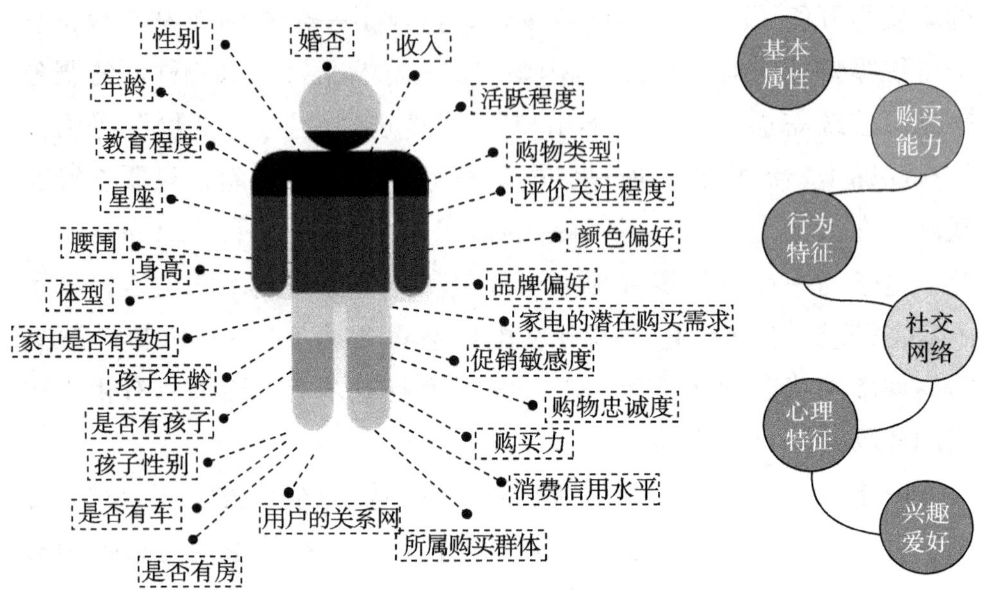

图 5-15　电子商务利用网络数据制作消费者画像示意图

图片来源：互联网。

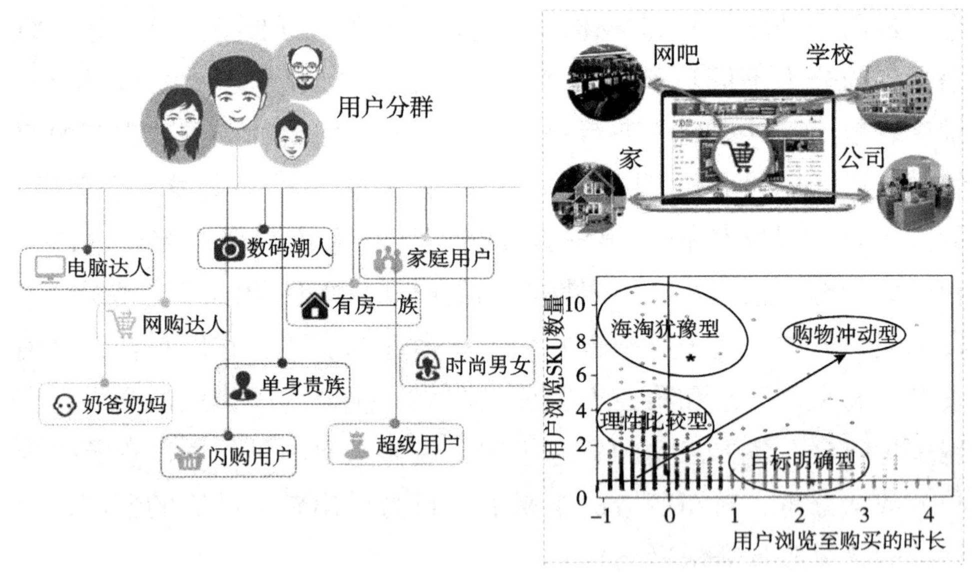

图 5-16　电子商务利用网络数据进行消费者分群示意图

图片来源：互联网。

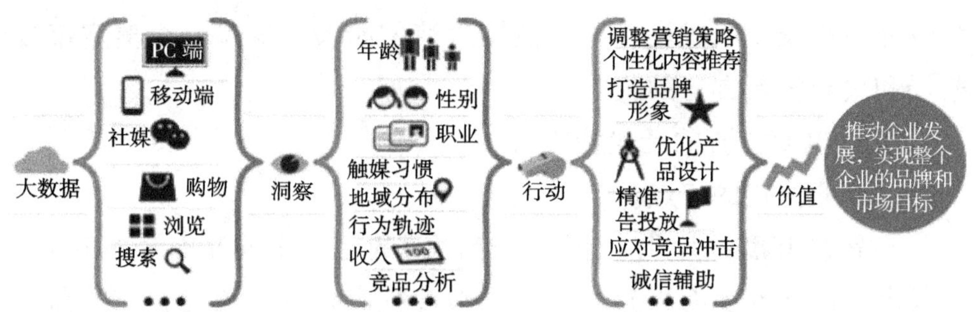

图5-17 电子商务利用数据资源组织生产经营示意图

图片来源：互联网。

c. 免费模式+更多盈利渠道。在盈利模式方面，电子商务更加多元化，不同于传统商场收取租金和物业费的单一盈利方式，电商平台在发展初期大多向商家免费开放，基本靠融资维系生产经营，很难自主实现盈利，但同时也吸引了巨大流量，掌握了海量数据与资金资源。之后，通过提供更多元化的服务，开辟更多盈利渠道，形成更强大和持久的盈利能力。

②产业组织的特点。

围绕流量竞争与共享的竞合格局。电子商务的规模经济性主要体现在流量上，这已成为进入产业的主要壁垒。为了获取流量规模，电商企业需要广泛开辟导流的入口，比如搜索引擎、导航网站、社交媒体等，这也是当前电商巨头在这些领域广泛注资并购的主要原因之一。在互联网时代，流量可以竞争，也可以共享，许多电商平台在与同行竞争流量的同时，也与平台上包括物流在内的第三方服务共享流量，形成特殊的竞合格局。

③发展阶段的特点。

产业发展处于成长期。电子商务依托现代化的技术手段，迎合了社会的发展趋势，而呈现出爆发式的增长。从产业的生命周期曲线来看，我国与西方国家的电子商务都快速地度过了导入期，目前大约处在成长期或成长期向成熟期过渡的阶段，这是一个奠定市场格局和决定发展方向的阶段。

（2）电商物流的产业特点

①商业模式的特点。

a. 需求高度碎片化。电商物流面对的是一个几乎全新的市场，是随电子商务发展而兴起的市场，与传统商贸物流相比，它的需求是完全碎片化的。传统商贸物流需求虽然也呈现小批量、多批次的发展趋势，但仍然是成批量的，而对于电商物流，一个消费者在网站上一次鼠标点击的购买行为，就生成一个物流需求，我国近 3 万家电商企业和 3 亿多网购用户构成的物流需求在时空分布上是极度分散的。针对新的需求，电商物流提供的服务也与传统物流完全不同，是对每一笔网购订单和每一个消费者“一对一”、“手到手”的物流服务，而且要随着电商销售渠道的下沉不断延伸服务。此外，对应于电子商务较高退换货率的特征，电商物流还需满足同样碎片化的反向物流需求。

b. 充分利用社会资源。提供的产品发生变化，所需要的资源和资源整合方式自然也不相同，由快速响应的物流中心、高效的运输组织节点、密集的末端网点和庞大的递送力量等构成的强大物流网络是最基础的资源。但面对过于分散的需求，完全自建网络显然是不经济的，尤其是在更为分散的配送终端。因此，电商物流大量利用了社会资源，加油站、便利店、杂货铺、社区活动中心等都被整合进入电商物流的终端网点，大大提高了运作效率。

c. 对核心资源——货源的整合需求更强。与其他物流领域相同，电商物流最关键、最核心的资源仍然是货源，在这里是每一个网购订单。其他物流领域的货源一般由货主和第三方物流（货代）掌握，电商物流的原始货源也由货主（商家）掌握，但这些碎片化的货源若不经整合而直接运行在庞大的物流网络上，必定效率低下且成本高昂。因此，电商物流更需要对货源资源进行整合，而电商平台相比于物流企业，掌控和整合货源的能力更强。

d. 延续传统盈利模式，整体盈利能力取决于增值服务。电商物流的盈利模式在其他物流领域基本都已存在，如运费、仓储费、信息费、订单执行费、金融服务费等收费性服务收入，但国内外仍有不同。西方国家的电商物流盈利渠道更加多元，增值服务收入占比较大，尤其在实现网络规模经济性的基础上，开展一体化供应链服务，具有较强的综合盈利能力。我国电商物流目前仍主要是指快递企业，盈利渠道以运费、配送收入为主，由于市场竞争较为充分，整体盈利能力不强。

②产业组织的特点。

升级的网络化、一体化生产组织方式。网络化、一体化是几乎所有物流领域的生产组织方式，但由于对电商物流的需求派生于对电商的需求，而电商不受地域限制，渠道不断下沉，深入到传统零售业薄弱、也是传统物流业薄弱的地区，因此，电商物流必须具备覆盖面更广、通达度更深的网络化组织能力。在业务流程方面，电商物流“一对一”、“手到手”的服务方式，使环节更加冗长繁复，并且由零散的网购订单驱动、受更高的时效性限制，也要求更加协同的一体化生产组织方式。

③发展阶段特点。

产业发展处于成长期。在电商物流产业发展阶段方面，国内外也略有不同，西方国家包括电商物流在内的整体物流产业已发展较为成熟，市场结构相对稳定，而我国电商物流与电子商务目前同步处于成长期，仍然不断有新加入者和退出者，而且市场还在进一步分化，如快递领域在干线运输、转运中心、同城配、落地配等不同环节还在形成新的市场，市场格局仍处于变动之中。

5.4.2　物流与电子商务融合的动力

产业融合最重要的两大驱动力——技术进步和规制放松，在电子商务与电商物流的发展过程中都已经出现。

（1）物流与电子商务融合的技术进步动力

计算机与互联网技术的出现是电子商务兴起的关键原因，也是物流产业快速发展的重要推动力。电子商务与电商物流的核心技术能力都是对海量商品/货物的分类、追踪、处理等。近年来，迅速崛起的物联网、云计算、大数据以及其他智能化技术构建了二者共同的技术基础，成为电子商务与电商物流融合发展的技术驱动力。

（2）物流与电子商务融合的规制放松动力

电子商务作为零售业的新兴领域，并没有受到太多政府规制，产业的准入与退出基本不会面临政策性壁垒。在物流领域，以前的政府规制主要体现在运输业的经济性规制和邮政专营方面。20 世纪 70 年代以来，西方国家逐渐放松了对运输业的经济性规则，并实行了邮政业的政企分开，缩小了邮政专营范围。改革开放以来，我国也在逐步减少对运输、邮政及其他物流领域的政府规制，为物流与电子商务融合发展创造了条件。

5.4.3　物流与电子商务融合的产业发展合理性

（1）商业模式的合理性

①用一个完整的服务产品满足了原本不可分割的需求。电子商务的需求是消费者对商品所有权的需求，电商物流是消费者实际占有商品并延伸到退换商品的需求，这两种需求是一一对应、不可分割的。电商提供的销售服务与物流提供的双向送达服务分别专门满足了一种需求，具有专业化的优势，但二者融合是把原本两个服务产品整合为

一个，满足消费者的完整需求，也具有合理性。更为重要的是，电子商务满足了线下实体零售网络不发达地区的潜在消费需求，而通常这也是物流网络不发达的地区，是传统物流需求不旺盛的地区，这些地区的消费者更需要一个从销售到送达的完整服务产品来满足需求。

②实现了数据与货源两大核心资源的整合。数据是电子商务的核心资源，货源是物流的核心资源。这两类资源都是碎片化的，并且是紧密相关的，在庞大的数据资源中包括已生成网购订单和未来可能生成订单预测等信息，它驱动着货源的生成与分布。从电子商务和物流的产业特点来看，电商企业一般具备掌控数据资源的能力，而电商物流企业对货源的掌控能力差别较大，在我国，大多数企业不具备这一能力。物流与电子商务融合，能够把分散、零碎的数据和货源资源进行整合，一体化的开展生产组织活动，提高其他资源的利用效率，避免不同环节资源不匹配造成浪费或服务水平下降。

③形成了多元的盈利模式。电商物流仍然是传统的盈利模式，而电商平台采用免费模式吸引资源，在此基础上，嫁接其他多元化的盈利渠道。物流与电子商务融合不仅能够提供完整的服务产品，还能够围绕消费者与商家之间的交易活动，与其他第三方服务形成多种组合，构建多元化的盈利模式。

（2）产业组织的合理性

物流与电子商务融合产业组织的合理性主要体现在创新了生产组织方式，提高了产业发展的效率和效益。电子商务具有流量规模经济性，物流具有网络规模经济性，二者分别存在于虚拟空间和现实世界，产业融合能够将它们的规模经济性整合在一体化的生产组织流程中。电商在获取流量以后，将其转化为数据资源，对订单生成做出精准预测，以此为依据，进行线下物流网络布局和物流生产组织，其核心是依托物流运营中心，进行线上的数据资源（订单）

和线下的货源资源整合，实现集约化的物流组织，缩短了生产流程，减少了货物的无效流动，提高了货物送达的时效性。物流效率和服务水平的提升，不仅能够降低电商成本，而且能够吸引更多流量，增加电商的客户黏性，为物流带来更多货源，形成良性循环。物流与电子商务融合前后的生产组织方式对比见图5-18、图5-19。

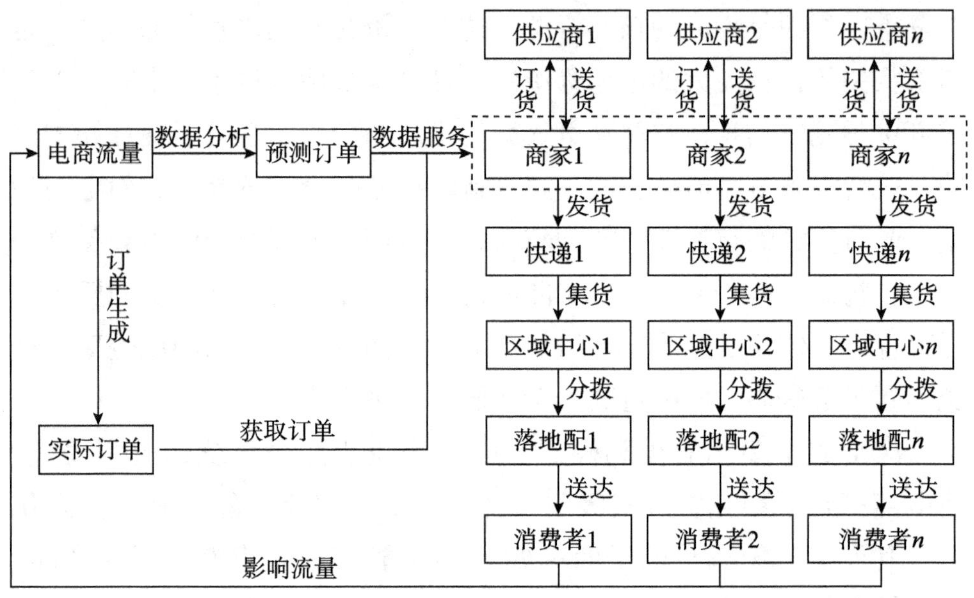

图5-18　物流与电子商务融合之前的生产组织方式

（3）发展阶段的合理性

电子商务和物流不仅在国内外处于不同的发展阶段，在我国不同区域之间发展阶段也不相同。相比于我国，西方国家的两个产业发展都更为成熟，由于各自规模经济性的存在，相互融合反而面临更高壁垒。我国电子商务与电商物流均处于成长期，尤其在三四线以下城市和广大农村地区，产业从无到有，无论是农民网络购物还是农产品通过电商平台进入全国市场的需求规模目前都还不大，但增长速度非常快，并正在形成下乡进城双向物流需求（图5-20）。因此，就发展阶段而言，我国物流与电子商务具备更好的融合条件。

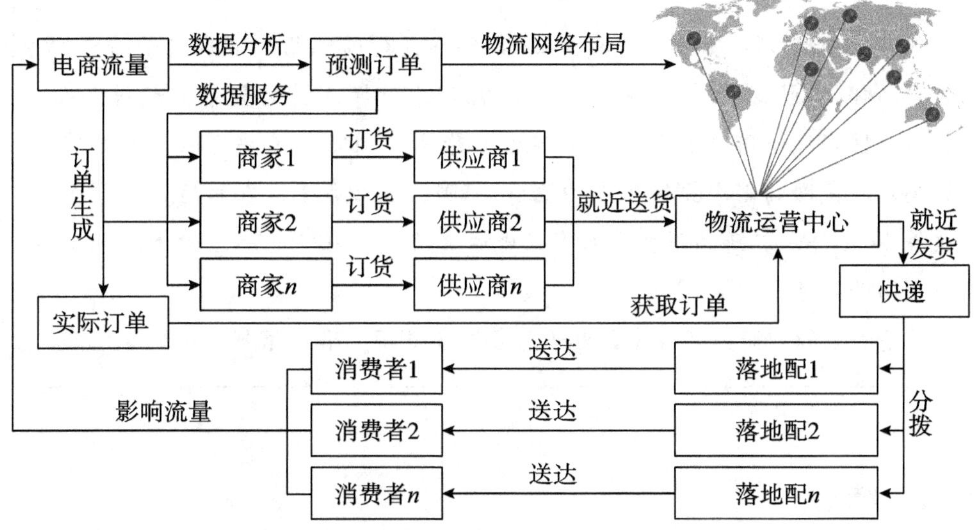

图 5-19 物流与电子商务融合之后的生产组织方式

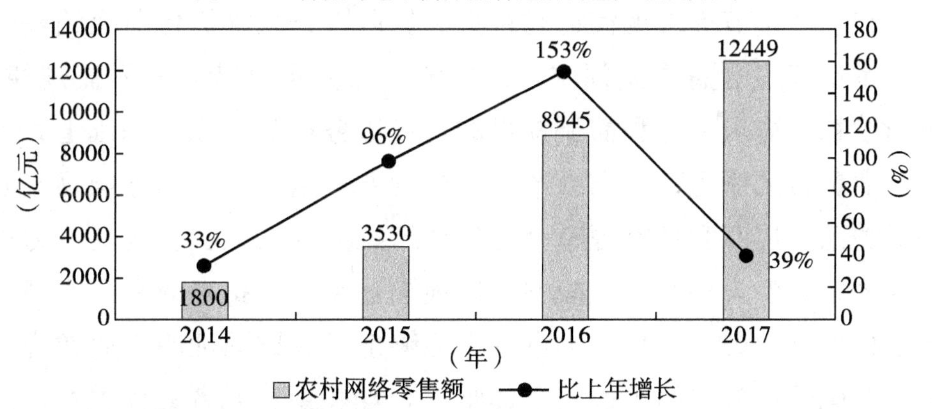

图 5-20 2014—2017 年我国农村网络零售额及增长率

数据来源：商务部《中国电子商务报告 2017》。

专栏 5-6 我国农村地区网购需求旺盛

2017 年，我国农村已有 2.1 亿农民上网，农村地区网络零售额首次突破万亿元大关，达到 12448.8 亿元，近三年同比增长率分别为 96.1%、153.4% 和 39.1%。近年来，农村地区基础设施条件不断完善，网络购物的硬件、软件环境持续提升。截至2018年初，全国已基本实现“乡乡设所、村村通邮”，快递网点乡镇覆盖率超过90%，行政村通宽带率超过86%，农村地区网民使用线上支付的比例已上升至47.1%，为培育农村网购市场和满足农民网购需求提供了有力保障。2018年上半年，农村地区累计寄收快件44亿件，工业品下乡和农产品进城货值超过2600亿元，近6亿农民享受到网购服务。

资料来源：商务部《中国电子商务报告2017》和国家邮政局统计数据。

5.5 结语

在前面章节提出现代物流背景下货运服务系统优化路径的基础上，本章聚焦电商物流领域，根据电子商务自身特点和发展规律，分析了物流需求变化和需要提供的对应服务产品，在此基础上，引入产业融合的概念，研究以产业融合的方式重构电子商务与物流之间的关系，进而实现资源整合与生产组织方式的改变，研究认为这一路径是具备合理性的，能够更好地满足需求和提高效率，实现了产业的优化发展。但是，本章并不能够也没有试图证明产业融合是物流与电子商务之间可以建立的唯一合理关系，或者最优关系，国内外在这方面不同的发展路径也说明了多种可能性，融合过程中出现的成本控制、市场垄断、管理幅度等方面的问题同样不能忽视，也亟待研究解决办法。而且，物流与电子商务的融合方式、融合程度等也需进一步研究，在产业不同发展阶段，是在原来各自产业现有资源的基础上相互融合，还是两个产业分别跨界扩张更为合理，这也是值得研究的问题。上述问题，本章没有深度探讨，在今后的研究中还需继续深化。

本章参考文献

[1] 苏东水. 产业经济学 [M]. 北京：高等教育出版社，2005.

[2] 于刃刚，李玉红，麻卫华，等. 产业融合论 [M]. 北京：人民出版社，2006.

[3] 马健. 产业融合论 [M]. 南京：南京大学出版社，2006.

[4] 马洪，王梦奎. 中国发展研究：国务院发展研究中心研究报告选 [M]. 北京：中国发展出版社，2003.

[5]（日）植草益. 信息通讯业的产业融合 [J]. 中国工业经济，2001 (2)：24-27.

[6] Geradin D. Regulatory issues raised by network convergence: the case of multi-utilities [J]. Journal of Network Industries, 2001 (2).

[7] 韩小明. 对于产业融合问题的理论研究 [J]. 教学与研究，2006 (6)：54-61.

[8] 张功让，陈敏姝. 产业融合理论研究综述 [J]. 中国城市经济，2011 (1X)：67-68.

[9] 李海舰. 中国流通产业创新的政策内容及其对策建议 [J]. 中国工业经济，2003 (12)：39-47.

[10] 魏际刚. 现代物流：融合基础上的产业新革命 [N]. 深圳特区报，2003-06-30.

[11] 江平. 物流业的现状及其产业融合发展趋势 [J]. 市场周刊，2004 (12)：40-43.

[12] 白雪洁. 产业融合影响物流产业市场结构的路径及企业的应对策略 [J]. 物流技术，2005 (10)：132-134.

[13] 朱瑞霞. 产业融合与产业竞争力提升——以信息产业为例 [D]. 上海：上海社会科学院，2008.

[14] 郑明高. 产业融合发展研究 [D]. 北京：北京交通大学，2010.

[15] 齐斌．物流业的产业融合与组织创新［D］．福州：福建师范大学，2007.

[16] 吴颖，刘志迎，丰志培．产业融合问题的理论研究动态[J]．产业经济研究，2004（4）：64-70.

[17] 宋婕．产业融合对产业结构升级的影响研究——以四川省为例［D］．成都：西南政法大学，2011.

[18] 胡金星．产业融合的内在机制研究——基于自组织理论的视角［D］．上海：复旦大学，2007.

[19] 周振华．产业融合中的市场结构及其行为方式分析［J］．中国工业经济，2004（2）：11-18.

[20] 罗奕．产业融合理论及其经济效果［J］．时代经贸，2007，5（61）：37-38.

[21] 罗文标，程功．产业融合中的供应链构建［J］．科技进步与对策，2005（9）：70-72.

[22] 朱瑞博．价值模块整合与产业融合［J］．中国工业经济，2003（8）：24-31.

[23] 李玉红．物流产业的产业融合［J］．河北经贸大学学报，2006（2）：72-76.

[24] 刘慧．电子商务物流模式及其发展趋势［J］．经济师，2009（8）：244-245.

[25] 唐昭霞，朱家德．产业融合对产业结构演进的影响分析[J]．理论与改革，2008（1）：83-86.

[26] 胡永佳．产业融合的经济学分析［M］．北京：中国经济出版社，2008.

[27] 荀卫，程国平．电商物流服务平台及其价值链分析［J］．科技创业月刊，2014（3）：44-45.

[28] 崔忠付．电商物流正在经历巨大变革［J］．中国物流与采购，2014（18）：30-32.

[29] 谢雨蓉．国内外电商物流发展模式及趋势分析［J］．综合运输，2014（11）：46-52.